GÉOGRAPHIE

DE

L'ILE D'HAÏTI.

Offert à M. Victor Schœlcher, comme un nouveau
gage d'estime. Pereira aîné

[...] un opéra d'une [femme ?] [...]
enchanté [...] reine de mon [...] système
que le [...] royale de tous [ce que nous]
faisons [...] la seule différence qu'il y a
entre [...] [...] [...] [...]
[...] Mr Berges. — 1733 — correspond [...]

Examen de la géographie d'Haïti,
publiée par Mr. B. Ardouin.

1832

______

Parmi les connaissances qui font l'ornement
et la solidité de l'esprit et dont l'objet est
le perfectionnement de l'état social, l'histoire
sans contredit, tient un rang distingué. C'est
à la clarté de son flambeau que le publiciste
solitaire et les élus des peuples assurent leur
marche pénible; elle agrandit la sphère de
nos idées, en rappelant devant nous le passé
dont nous étudions les erreurs et les services, pour
éviter les unes, profiter des autres et y ajouter
le tribut de nos œuvres. Entretenu par nos
soins, accru de nos acquisitions, qui le dété-
riorent trop souvent, ce dépôt des races passées
nous le transmettons à nos neveux auxquels
même devoir est imposé. Ce legs continuel
de connaissances, utiles ou fausses, est la vie
de l'Humanité et cette solidarité d'expérience établit entre les générations une chaîne
éternelle dont le premier anneau se dérobe

dans la nuit des temps aux plus savantes
tigations. —

Que si ces prodigieux avantages de l'hi[stoire]
nous font un devoir de l'étudier dans tous
pays et dans tous les âges, surtout chez [les]
nations policées où l'homme et la société
apparaît sous tant de formes diverses, on ép[rouve]
un plaisir ineffable, une jouissance qui va[...]
qu'au fond de l'âme à entendre raconter
furent, ce que firent nos pères; à apprend[re]
fut la composition du monde social où [ils]
vécurent, en quoi ils le modifièrent, en quoi [ils]
furent modifiés par lui; quelles circonstan[ces]
les entouraient quand ils conçurent et jurère[nt]
de nous léguer la gloire et la liberté, cette
liberté dont l'honneur et le plus cher intérê[t]
nous commandent la conservation religieuse
parcequ'elle est la base et la prospérité socia[le]
et individuelle, parcequ'c'est la condition
sine quâ non du développement physique
moral et intellectuel des peuples et des indiv[idus]

Mais cette connaissance de l'histoire
importante par elle même en suppose d'aut[res]
sans lesquelles elle perdrait de son utilité, j[e]
veux parler de la géographie et de la chronol[ogie]

Sans la première de ces connaissances, quel moyen
de saisir la coordination des événements, tour-à-tour
causes et effets ? L'histoire n'est plus alors qu'une
série d'anecdotes sans liaison qui peuvent bien
conserver encore quelque attrait, mais qui n'offrent
plus à l'esprit une pâture suffisante. Sans la
géographie, l'imagination la plus puissante suit
avec peine une narration qui la transporte dans
une scène inconnue pour elle, et cette ignorance
la rend presque indifférente à ce qui la touche de
plus près.

Ces considérations sont de nature à réveiller
le regret que nous fait éprouver la rareté des
bons livres sur l'histoire, la géographie et la
statistique de notre pays. Tous ceux qui
nous sont offerts pèchent ou par l'énormité de
leur volume ou par l'inexactitude des faits, inexac-
-titude qui est souvent l'œuvre de l'absurde -
Préjugé. Notre regret sera bientôt effacé grâce
à une plume savante (1), notre reconnaissance
lui est due. Mais en attendant, voilà qu'une
géographie de l'île d'Haïti vient d'être livrée
au jour, pour laquelle son auteur implore l'indul
-gence du public. Il a cherché à remplir une
lacune de l'éducation nationale; mais laissons-le

(1) Mr le docteur Fournier-Pescay.

parler. « J'ai reconnu [4] le vide qui existe à cet égard
dans l'instruction de la jeunesse haïtienne à l'âge
on ne peut présenter la description que je viens
de citer (celle de Mr de St Méry), parcequ'elle
contient une infinité de détails qui peuvent être
intéressants pour l'homme viril, mais qui dégo-
-raient promptement ceux dont l'âge tendre ex...
des connaissances sans trop charger la mémoire.
J'ignore si j'ai réussi, le public en jugera; m...
j'ose espérer que quelle que soit la sévérité q...
mettra dans sa critique, connaissant mes mot...
il usera envers moi de l'indulgence qu'ils me s...
-blent mériter. »

L'ouvrage dont il est question ici contient tr...
principales divisions: 1° un précis historique, 2...
une géographie abrégée 3° une statistique. A...
la première se rattache une petite chronologie...
à la troisième la description des villes, bourg...
et bourgades d'Haïti; vient enfin une vingta...
de notes.

A l'idée d'un précis de l'histoire d'Haïti, l'...
-gination s'exalte. Elle se représente un peup...
que l'abus de la force et les préjugés condamn...
à l'abrutissement, à qui une inspiration sou...
révèle sa dignité. Un cri de liberté s'...

entendre et les milliers de voix le répètent avec transport, on s'émeut, on s'agite. La tyrannie effrayée, mais que n'a point abandonnée la foi dans le passé, oppose des entraves à ce grand mouvement, il les brise, et la colère de cette population magnanime a consumé tous les monuments de son humiliation, et quand, plus tard, après un laps de temps, une puissance européenne qui devait tout à la révolution tenta de détruire ce que la révolution avait créé dans un autre hémisphère, quels événements, quel héroïsme ne signalèrent point la résistance de ce peuple-phénomène !

Sans doute qu'un tel spectacle, que ce prodigieux travail d'enfantement d'où naquit le peuple haïtien est fait pour l'histoire par sa nouveauté, par les terribles leçons qui en résultent pour les oppresseurs, par les consolations offertes à leurs victimes. Cependant, à la lecture de l'ouvrage que j'annonce, toutes ces pompeuses espérances s'évanouissent et l'on se dit avec un désolant regret : d'où ce désenchantement cruel provient-il donc ? La cause en est dans le style, dénué de simplicité ou de couleur, dans des réflexions où l'on cherche trop souvent en vain la brièveté ou l'à-propos, dans l'omission des faits les plus brillants, omission d'autant plus

surprenante que la chronologie qui vient après démon[tre]
que l'auteur en savait suffisamment. La précision
est le caractère de tout précis, il est vrai; mais
doit-elle s'obtenir à ce prix? Pourquoi, par
exemple, avoir circonscrit dans trente-deux pa[ges]
le plus souvent insignifiantes un sujet aussi imp[or]
-tant, aussi nouveau? N'eût-il pas mieux valu
nous montrer en action toutes ces grandes figures
notre drame historique, qui sont comme auta[nt]
de jalons dans les champs de l'histoire, autour
desquels viennent se grouper les événements? Un
Toussaint-Louverture avec le cortège de ses bon[nes]
et de ses mauvaises qualités, avec son système
régulier d'administration, avec sa clémence et s[on]
inhumanité, avec sa perspicacité politique,
dirai-je avec son hypocrisie raffinée, enfin
tout ce qui constitue ce personnage éminemment
historique? Et le libérateur d'Haïti l'homme de l[a]
dépendance africaine, l'empereur Jacques 1er, intrépi[de]
despote, qui ne mettait point sa gloire à escamot[er]
nos libertés une à une, mais qui, ayant entrepris de n[ous]
les arracher de haute-lutte, subit justement pu[ni]
par la vengeance populaire?

Ce Christophe même, si fécond en cruautés, avec
despotisme aveugle, avec son esprit à la fois créateur
créateur et destructeur, n'aurait-il pas fourni à

l'histoire des leçons tout aussi utiles que le patriotisme
éclairé, la grande âme, et l'administration sage et
paternelle du bon et vertueux Pétion, de ce génie
de la civilisation haïtienne? Je me suis demandé
si ces physionomies majestueuses, nouvelles,
n'auraient pas vivifié, électrisé cet ouvrage et les
jeunes gens auxquels il est destiné par son auteur.
Certainement qu'en le lisant, ~~qu'on le lira~~, on
ne sera pas long-temps à se convaincre que ce
n'est pas ~~sous~~ ce point de vue qu'un sujet aussi
neuf a été envisagé. Pour moi qui ai besoin de
ménager le temps, je ne puis faire qu'une citation.

Émulateur de Pétion, son magnanime successeur, (et ce successeur est vivant.) aussitôt son
avènement au pouvoir exécutif s'occupe sans relâche
de restaurer les finances de l'état que des circonstances difficiles avaient altérées. il sait que, sans
moyens pécuniaires, on conçoit en vain les plus
grandes entreprises (grandes découvertes sans doute).
Bientôt, le crédit renaît et donne les plus heureuses
espérances sur une administration vigoureuse, mais
sage. (La sagesse ne s'accorde-t-elle point par
hasard avec la rigueur, l'énergie?) Une tournée

dans le département du Sud apprend au chef
du gouvernement que l'insurrection de la Gran[de]
Anse est une horrible plaie pour la République
et, méditant déjà la réunion du Nord, il ordo[nne]
que l'insurrection finisse ses désastreux effets; et
l'insurrection obéit!

Cette phrase singulière me procure une rémi[nis]
cence, le lecteur ne sera pas fâché de la trouver
dans ces beaux vers de mr. Casimir Delavig[ne]

Un jour que l'océan, gonflé par la tempête,
Réunissant les eaux de ses fleuves divers,
Fier de tout envahir, marchait à la conquête
De ce vaste univers.
Une voix s'éleva du milieu des nuages
Et Dieu, de tant d'audace invisible témoin
Dit aux flots étonnés: mourez sur ces rivages
Vous n'irez pas plus loin.

Poursuivons « Treize mois suffisent pour rétabl[ir]
l'ordre et la prospérité. (exagération). En apprenant
cette heureuse pacification qui m'a coûté la vie ou à
quelques insurgés persévérants dans leur folle rébel[lion]
le président Boyer annonce aux guerriers q[ui]
ont bien mérité de la patrie, qu'ils ont de nobles tra[vaux]
à entreprendre. Aussitôt le farouche Christop[he]

conçoit les plus grandes craintes; un pressentiment,
émané de sa conscience qui n'a cessé de lui reprocher
ses crimes, l'avertit que son règne affreux va finir:
il veut, il ordonne que la ville de St Marc soit
mise de nouveau sur le pied d'une formidable défense.
Malheureux! C'est de là que doit partir le coup
de tonnerre que Dieu t'apprête. En attendant
une apoplexie foudroyante le renverse dans l'Église
de Limonade: C'est dans cet asile, consacré à la
divinité, c'est durant les prières publiques que la main
Du Créateur s'appesantit sur cette tête coupable.»

J'avoue qu'il me faut de bien grands efforts et
des efforts continus pour étouffer le rire involontaire,
prêt à s'échapper à l'image burlesque de l'apoplexie
foudroyante, postée au commandement de l'Éternel
pour préparer les voies au coup de son tonnerre. Mais
qu'il me soit permis de demander si Christophe
dont je suis loin de me constituer le défenseur,
éprouva jamais les craintes qu'on lui prête ici et
si aucun pressentiment sur la fin prochaine de son
règne troubla jamais sa pensée. Ne sont-ce point là
figures d'un maladroit rhéteur. On m'objectera peut-
être qu'elles sont propres à effrayer ceux qui seraient
tentés de despotiser. De nombreuses et funestes expé-
riences

ont prouvé jusqu'à la démonstration que des décla-
mations frivoles, voire même la crainte des actions
les, vues vigoureuses dont des barrières insuffisantes
contre les âmes forcenées des tyrans. Mais pour
atteindre à ce but douteux avantage, fallait-il sacrifier
vérité, ce caractère sacré de l'histoire? Mais encore
est-ce là un modèle de goût pour la jeunesse qui
contracte toutes les sortes d'habitudes, avec une égal[e]
facilité; qui n'en conserve que trop souvent une
empreinte ineffaçable?

La géographie d'Haïti était à faire; l'auteur
en dotant la jeunesse de cet ouvrage patriotique,
accompli une bonne action. Que des félicitations
soient décernées à son zèle! Mais abandonnant
cette pure et simple nomenclature, j'aime à
chercher dans la Statistique toutes les occasions
qu'a eues son talent de poète. avec un sujet
délicat ou difficile; il peut même être glorieux
de sortir vaincu d'une lutte inégale. Choisis
parmi les articles dignes, de fixer l'attention,
mon choix distingue les réflexions sur la population
et les mœurs et sur l'instruction publique.
«Sans doute, dit l'auteur, les guerres qui ont

eu lieu en Haïti depuis cette époque (la révolution)
les ravages qu'elles ont occasionnés et les émigrations
qu'elles ont entraînées ont dû diminuer la population.
Néanmoins, tout porte à croire que les pertes qu'elle
a éprouvées ont été remplacées depuis la déclaration
de l'Indépendance et malgré la désastreuse ambition de H. Christophe. Il est facile de s'en con-
= aincre par le nombre prodigieux d'enfants qu'on
voit partout et par cette brillante jeunesse qui est
répandue dans les départements. D'un autre côté,
les citoyens venus des États-Unis et des
Colonies de l'Archipel ont contribué à accroître
la population. Qu'on remarque aussi que si d'an-
-ciennes habitations rurales ne comptent plus que peu
de personnes où il existait jadis des ateliers considérables, le nombre des habitants des villes a beaucoup
augmenté.»

Il n'est pas facile, comme le pense mr
B. Ardouin que les pertes éprouvées par notre
population ont été réparées. Les moyens, la sorte
de critérium qu'il propose pour reconnaître la

vérité de son assertion semble attester, j'ai regret à
dire, une profonde ignorance des notions les plus vulg[aires]
de l'économie sociale. Le grand nombre des naissan[ces]
est-ce, en effet, toujours la marque assuré d'une
population croissante ? Je ne saurais le penser. [...]
— Sonne ne l'ignore: la pureté des mœurs, qui partout
entretient et accroît la population, est une vertu
laquelle peu de personnes, chez vous, rendent h[om]
— mage; et la misère qui vous assiège, notre ign[o]
— rance et le défaut de sûreté des personnes et des [pro]
— priétés, en sont les ennemis les plus mortels. De là
vient que tant de jeunes gens personnes prodiguen[t]
les soins de la maternité maternité aux fruits de leurs fo[...]
amours, quand leur âge réclamerait encore la
sollicitude de la tendresse maternelle; que peu d'e[xem]
ples de longévité sont fournis par ce sexe charm[ant]
dont l'éducation est si peu soignée parmi vous; [...]
la vieillesse a tant de prématurité chez les hom[mes]
pourquoi il [...] en peu de distance de la vie, à la
mort. Les nombreux enfants dont parle notre [...]
auteur, à part l'exagération qui lui en si familier[...]

ces fruits infortunés de l'immortalité de trop coupables
époux, ou des écarts d'une jeunesse, emportée par la
fougue des sens, si facilement allumés dans l'ignorance et dans l'oisiveté, peuvent-ils traîner long-
temps cette amère existence, que soutiennent par tant
d'efforts les soins insuffisants de leurs mères et les bien-
-faits de plus en plus rares de la charité compatis-
sante? Non, sans doute. Quel avantage la popula-
pourrait-elle se flatter de trouver dans leur présence
éphémère? je ne le sais. Usons néanmoins de complais-
[t'accordons à] Mr. B. Ardouin que les faits, flexibles à ses désirs
[signalés par lui] ploient au les degré de ses gratuites suppositions
que la majeure partie de ces naissances + (car il faut
bien faire, la part des maladies de cet âge qui
emportent un grand nombre d'individus, à l'aurore
de la vie -), soient destinées à être des enfants durab-
pour la population. Mais les naissances ne
forment pas à elles seules le nombre des habitants
d'une contrée. il faut pour le supputer avec une
approximation tolérable, connaître encore le Rapp-
de ces naissances à la portion nubile de la
population et c'est de quoi notre judicieux auteur
ne semble même pas s'être douté. Cependant

Si cette autre fraction [14] du nombre des vivants, entourée
en grande partie de toutes les privations, en proie
aux calamités du présent et à la perspective plus
effroyable encore de l'avenir, voyait la vie moyenne
diminuer incessamment dans son sein, ne réclame-
-elle pas, uniquement pour être tenu au complet
un nombre de naissances de plus en plus élevé? Et
serait-il raisonnable, dans ce cas, de conclure l'ac-
-croissement de la population du fait de l'augmentation
des naissances? Les personnes qui ont réfléchi sur les cir-
-constances de notre pays attesteront que la supposition que
je viens de produire peut bien être encore au-delà
de la vérité.

Bien plus, l'immigration de nos citoyens, originaires
des états de l'Union, est venue joindre à tant de
causes de destruction une cause nouvelle, un élément
mortifère. Je ne nie point qu'à leur arrivée ils n'aient
réellement ajouté à la masse ~~de la population~~. mais si
l'on observe que leur nombre a seulement augmenté celui
des consommateurs, on conviendra que cette augmentation
momentanée a dû prodigieusement diminuer par la suite
~~la population~~, en diminuant les moyens d'existence, de les renouveler. Une telle conclusion a droit

(1) La vie moyenne est le nombre d'années que vivent les hommes
l'un portant l'autre. Elle varie dans les diverses classes de la
population en raison des progrès de l'agriculture, de l'industrie
et du commerce, de la morale et des législations.

de surprendre. L'auteur de la réflexion suivante : « elles (les améliorations) arriveront sans doute avec l'accroissement de
la population qui partout sert au développement de
l'industrie » Quant aux personnes, fuyant l'archipel
et les horreurs du despotisme, les vexations qu'ils éprouvèrent
en abordant sur nos plages, les exigences insatiables de
l'Hydre militaire ne leur permirent point de faire un
long séjour en Haïti; du moins, il n'en reste que fort peu
parmi nous. Enfin, l'abandon que les cultivateurs ont fait
des travaux de la campagne pour aller séjourner dans les
villes ne prouve même pas que cette partie de la population se soit conservée intacte. Je n'aurai qu'à citer
à l'appui de mon opinion l'observation suivante que
je trouve au verso de la page que je critique : « Il est
certain que dans les villes l'air est infiniment moins sain
et les mortalités plus fréquentes. » D'ailleurs, nos produits n'ont
-ils pas considérablement diminué par suite de ce malheu-
-reux déplacement. Ainsi, cet accroissement de population
que, selon Mr B. Ardouin, est si facile à conclure du
vague de ces allégations ne peut être admis qu'appuyé par
des documents exacts; encore faudrait-il les voir indiqués
soi-même. (1)

(1) Un de mes amis, homme éclairé, homme de sens surtout
à qui je témoignais le regret que le gouvernement d'Haï-
-ti ne cherchât point dans la statistique de la population
la contre-épreuve de son administration et de ses doctrines,
me cita un grand nombre de faits qui prouvent,
l'organisation actuelle de notre pays, l'impossibilité de
l'entreprise; en voici un exemple : à la mort d'une de ses

« En général, le peuple haïtien est capable d'industrie. Mille moyens, outre l'agriculture, lui sont offerts pour arriver, peut-être en moins de vingt-cinq ans, à une grande prospérité; mais il ne fait pas tout ce qu'il aurait pu faire. Dans les villes, il y a un accroît d'habitants, comme on vient de le dire, le travail ne manque pas; mais peu d'ouvriers s'offrent ou s'acquittent bien de leurs devoirs; une plus grande partie restent inactifs ou indifférents au bonheur qui dépend d'eux seuls; ils aiment mieux végéter que vivre honorablement par le travail; et la sobriété du peuple des campagnes, particulièrement, est telle qu'il lui suffit de peu d'efforts pour se procurer les premiers besoins; de là l'insouciance qu'on remarque parmi ces habitants pour se livrer à un travail régulier et assidu qui augmenterait considérablement les produits actuels. »

Il est, dit un publiciste philosophe, des écrivains qui considèrent les erreurs, les préjugés, les vices des peuples comme les causes uniques de leurs mauvaises lois, de leurs mauvais gouvernements et de leur misère, et qui conseillent en conséquence à ces peuples d'être éclairés, industrieux et vertueux, s'ils veulent avoir de

sur le champ présents, arrivée vers 1830 ou 1831, et envoyé faire la déclaration de ce décès; son envoyé trompé, s'adresse immédiatement au marguillier qui délivre l'ordre au curé de célébrer les funérailles, sans demander, au préalable, comme cela se pratique chez nous, une notification munie du timbre de l'officier de l'état civil, chargé de recevoir d'abord les déclarations de ce genre. Ainsi, ces officiers ne fut point informé de ce décès; les registres ne l'ont point bonnes. lois, être bien gouvernés, et vivre heureux. Ces maximes sont plus faciles à donner qu'à pratiquer; elles sont justes, s'il est en la puissance de tous les hommes d'être éclairés, et si les vices de chaque individu sont la cause première des maux qu'il souffre. Mais si les vices sont les effets d'un ordre de choses donné, et si l'on n'a pas la puissance de changer cet ordre de choses, comment est-il possible de les détruire? Qu'un prédicateur, par exemple, aille dire aux nègres dont les européens ont faits des instruments de culture : « L'esclavage dans lequel vous êtes nés et qui vous rend si misérables est l'effet de votre ignorance et de vos mauvaises mœurs; les vices que vous reprochez à vos maîtres sont des résultats de vos propres vices, et la justice veut que vous en portiez la peine. Si des armées de blancs viennent se placer à côté de vos possesseurs pour vous rendre leur force insurmontable, c'est encore vous qui avez présidé à la formation de ces armées; ce sont vos vices qui leur ont mis les armes à la main et qui les ont appelés. Vous êtes ignorants, parce qu'il ne vous plaît pas de vous instruire; vous êtes paresseux, parce que vous ne comprenez pas les avantages du travail; vous êtes faux et menteurs, parce que vous êtes des lâches; vous êtes des lâches, parce que vous ne savez pas être les plus forts; et vous ne savez pas être les plus forts, parce que vous avez des vices. » Si, dis-je, un missionnaire

consacré... et voilà une des pièces importantes du mouvement de population, dans la capitale de la République, la seule de nos villes qui compte deux bureaux de l'état civil, dans son sein

tenait ce discours aux esclaves de nos colonies, pense
-t-on qu'il n'y aurait rien à lui objecter ? Pense
-t-on que les raisons que les nègres pourraient donner
ne pourraient pas être données par un peuple de
blancs ? Dans toutes les positions, un homme, ou même
un peuple, ne peut pas être industrieux, éclairé
et vertueux impunément. »

Mille moyens sont offerts au peuple haïtien, pour
arriver, peut-être en moins de vingt-cinq ans, à
une grande prospérité ! Son bonheur dépend de lui
seul ! Quels sont ces mille moyens ? Est-ce sa position
géographique et la fertilité de son sol, ses beaux et
précieux bois, la multitude de cours d'eau qui
arrosent certaines parties de cette République et ses
richesses souterraines ? Mais de fausses et funestes mesures
peuvent dessécher ces sources de prospérité et oblité-
-rer les canaux de la féconde industrie : les produits
du travail, les propriétés sont-elles garanties ? et comment
les personnes, elles-mêmes, jouissent-elles d'une sûreté
protégée par des lois puissantes, inflexibles sous l'arbi-
-traire ? L'expression des vérités politiques les plus
vulgaires n'exige-t-elle pas un courage héroïque ?
Par une défiance, horriblement fatale, de la liberté,
la faculté locomotive n'est-elle pas enchaînée, à
ce point que les échanges, si nécessaires à la production
indispensable au service des personnes et des proprié-
-tés, deviennent souvent impraticables ? Loin d'avoir

à déplorer l'inertie de l'autorité établie sur elle, Haïti,
à peine affranchie des liens de la Barbarie, ne voit-
elle pas des forces les plus précieuses, inutilement prodiguées,
par la machine gouvernementale, mue par la main
égarée de la médiocrité, hardie et malveillante? Je
ne sais. Mais ces questions, si elles étaient résolues avec
impartialité, avec une courageuse indépendance, attes-
teraient jusqu'à quel point ces vues de mr B. Ardouin
sont vraies ou fausses?

Ces mille moyens, cette mine de félicité que la main
de l'haïtien laisse oisive au grand déplaisir de mr
B. Ardouin, se trouveraient-ils, par hasard, dans les
lois dont notre déplorable pays est inondé? Haïti
en effet, serait au comble de la prospérité, si la
prospérité dépendait des lois seules. Mais on a négligé,
on a méconnu les vrais mobiles de l'industrie qui se
réduisent tous, en définitive, à favoriser dans le peuple
la propagation des lumières et des habitudes morales, le
développement de ses besoins, la diversité de ses jouissances,
en laissant aux lois, consenties par lui, le soin d'en
corriger les écarts. Par combien de calamités nous sommes-
séparés de cet ordre de choses si désiré! De combien d'abus
assomons nos yeux doivent être long-temps les
tristes et pacifiques témoins!

Ce sont les besoins et les jouissances qui apprirent
à l'homme à garder des troupeaux pour son usage,
à confier à la terre le grain destiné à le nourrir; ce
sont les besoins et les jouissances qui l'ont élevé des
sensations de la vie animale jusqu'aux spéculations les

plus hauts de la Science[20]. Pourquoi cette marche spontanée
de la nature, si abondante en heureux résultats, ne
présiderait-elle pas au gouvernement des peuples? D'ailleurs l'homme est né libre et soumis à l'unique empire
de sa raison, de cette raison qu'il faut éclairer,
intéresser, loin de l'anéantir en la chargeant de
fers. (1) Aussi, est-ce violenter la nature, est-ce entre-
-prendre une lutte au-dessus des forces humaines, que d'im-
-poser à l'homme un travail dont il n'ait point
senti l'encourageante nécessité, aux produits duquel
il n'ait point de part — c'est exercer le despotisme
le plus inique, mais le plus éphémère; tel est le despo-
-tisme colonial, tu fais l'exemple de Dessalines. L'agri-
-culture, sous son règne, était au comble de la splendeur
mais cette splendeur était achetée à coups de verge,
singuliers frais de production! et la population prit
de l'horreur pour le travail. Aussi, dès qu'il dispa-
-rut, la licence se montra et il fallut tous les soins
d'Alexandre Pétion et la main de fer de Christophe
pour sauver l'agriculture de la langueur qui la
menaçait. En résumé, les besoins d'un peuple sont
la mesure de son industrie et c'est la mission du
gouvernement, équité autant que juste, d'accroître
les uns pour provoquer l'extension de l'autre, pour-
-quoi donc gourmander notre peuple sur son indiffé-
-rence pour un travail régulier et assidu, quand vous
reconnaissez, vous-même, combien grande est sa sobriété

(1) Il me sera-t-il permis de ne pas me défendre d'un
mouvement de vérité satisfaite, en voyant l'accord

On ne peut être surpris de vo exalter le peuple haïtien
parce que les crimes commis dans son sein n'égalent en rien
la noirceur et la savante combinaison des assassinats dont
parfois l'humanité frémit chez les nations policées. Ce fait
ne saurait être l'objet d'un doute, la matière d'une sé-
rieuse controverse; il est vrai, c'est une heureuse anomalie,
quelle en est la cause? Mr B. Ardouin ne l'indique
même pas. Mais quelle instruction se promettrait-on de
tirer des faits, indépendamment de leurs effets et de leurs
causes?

Après avoir exercé le ministère de critique avec une
sévère, mais juste impartialité, empressons-nous de félici-
notre auteur d'avoir si nettement distingué les avantages
de l'institution du mariage. Gémissons, comme lui,
sur la dépravation qui multiplie les enfants que les lois et
la majesté des mœurs empêchent les pères de reconnaître flé-
trissons cette faiblesse criminelle, mais qu'il n'en reste pas
de souillure sur les êtres innocents qui en sont à la fois les
produits et les victimes. Ces infortunés, que la loi rejette et
que la morale réprouve, ont droit à la pitié des âmes

de cette opinion, dont la justesse ne fut contestée jadis,
avec la manière de penser d'un des plus judicieux publicistes
des hommes d'états philosophes des temps modernes. Mr C. Comte,
dans son immortel traité de a propriété, s'exprime ainsi:
quelques sages que puissent être les rouages d'un gouvernement,
elle ne sauraient jamais produire de grands résultats, s'elles
n'étaient pas secondées par les mœurs de la population. C'est
donc sur les esprits qu'il faut surtout agir, il faut montrer
aux hommes leurs véritables intérêts. Lorsqu'ils verront clairement
le but vers lequel il leur importe de se diriger, ils y tendront
sans qu'on ait besoin de les pousser.

Sensibles et vertueux.

Pour ce qui regarde l'instruction publique, je ne pense pas, comme mr B. Ardouin, qu'elle ait occu tous les jours qu'elle mérite. Sans doute, la sollicitude du gouvernement s'est prise d'abord d'un noble intérêt pour son avancement, pour sa splendeur; mais les nombreuses dépenses, occasionnées par elle, et qu'à peine justifiés le succès, ont elle amené l'état d'aban don où elle languit aujourd'hui. Mais ces dépenses ont-elles été judicieusement employées? C'est la question qui se présentait naturellement et dont la solution aurait donné une meilleure direction, une direction rationnelle aux largesses publiques. Haïti, après tant de commotions qui désolaient son sein, reconnut que sa conservation reposait sur la propagation des lumières. Mais alors l'éducation des hommes faits était à peine un problème de législation; l'Europe reconstituait l'ordre social et la science n'avait pas encore éclairé de rayons si purs et la nature et l'objet de la société, non plus que les moyens de progrès. L'établissement d'insti tutions libérales fut proposé pour élever la jeunesse de l'un et de l'autre sexe; mais cette contrée, qui aurait dû en être couverte n'en a vu s'établir que fort peu. Encore, ce sexe aimable qui doit embellir la vie par des grâces, captiver par des charmes innocents, et mériter par des vertus l'estime, cette base puissante de tout attachement durable, n'a-t-il pas été compris dans ce bienfait à la patrie? Je laisse à d'autres à

décides de la loi sur l'instruction publique, qui en proclame
la liberté, garantît et cette liberté et la diffusion des
lumières; quelle éducation convient surtout à notre pays,
et comment faire porter de bons fruits à ces écoles primaires
dont les industries et le lycée attendaient des élèves intelligents,
à ce lycée même dont le type s'est perdu, qui avait
donné les plus heureuses espérances. Mais ils se garderont
bien d'accuser la jeunesse du peu de prospérité actuelle
de ces établissements; ils se garderont surtout d'avancer que
si quelques jeunes gens, parvenus à l'âge où les passions se
développent, négligent les études sérieuses, lorsque leur persévé-
rance seule suffirait pour en vaincre l'aridité, etc...»
Ce reproche ne serait dicté que par l'ignorance des faits,
car il ne saurait trouver d'application en Haïti. La
misère, où nous sommes plongés, éloigne de nous ce calme
indispensable à l'étude; elle arrête notre élan par les
continuelles inquiétudes de l'avenir; et ce n'est qu'en nous
dégageant de cette boue qui nous salit, de ce poids
qui nous oppresse, que nous ferons de notre patrie une
terre promise (1).

Pour que la culture de l'esprit, a dit Mr Guizot, les
sciences, les lettres prospèrent par elles-mêmes, indépendamment
de tout intérêt prochain et direct, il faut des temps
heureux, paisibles, des temps de contentement et de bonne
fortune pour les hommes; Quand l'état social devient
difficile, rude, malheureux; quand les hommes souffrent

(1) Un jour, vous serez libres, instruits; et votre patrie deviendra
une terre promise, parce qu'elle en renferme les éléments.
                  Grimes-Peslay. Lettre à l'auteur de cet écrit.

beaucoup et longtemps, l'étude court grand risque d'être négligée et de décliner; le goût de la vérité pure, le sentiment du beau, séparé de tout autre besoin sont des plantes délicates autant que nobles; il leur faut un ciel pur, un soleil brillant, une atmosphère douce; elles courbent la tête et se flétrissent au milieu des orages. Le développement intellectuel, le travail des esprits pour atteindre à la vérité, s'arrêteraient alors s'ils ne se plaçaient à la suite et sous l'égide de quelqu'un des intérêts immédiats, puissants, de l'humanité. C'est ce qui arriva à la chute de l'empire romain. L'étude, les lettres, la pure activité intellectuelle, ne leur peu résister seules aux désastres, aux souffrances, au découragement universel; il fallait qu'elles se pussent rattacher aux sentiments et aux intérêts populaires; qu'elles cessassent de paraître un luxe et devinssent un besoin. La religion chrétienne leur en fournit le moyen; ce fut en s'alliant avec elle que la philosophie et les lettres se sauvèrent de la ruine qui les menaçait; leur activité eut alors des résultats directs, pratiques; elles se montrèrent appliquées à diriger les hommes dans leur conduite, vers leur salut. On peut le dire sans exagération; l'esprit humain, proscrit, battu de la tourmente, se réfugia dans l'asile des églises et des monastères; il embrassa, en suppliant, les autels pour vivre sous leur abri et à leur service, jusqu'à ce que des temps meilleurs lui permissent de reparaître dans le monde et de respirer en plein air. »

« l'ouvrage que j'examine en répréhensible sous le
double rapport des idées et du raisonnement, il ne l'est pas
moins sous celui de l'élocution. La justesse de l'expression,
la propriété du langage, l'heureux choix des tours, sont
loin d'en être le caractère. Souvent notre auteur dit
tout le contraire de ce qu'il veut dire, et souvent
l'oubli des règles les plus communes de la langue est poussé
à un point auquel il serait difficile de s'imaginer. Je
prends quelques exemples parmi tant d'autres pour appuyer
cette assertion; je me repose pour les corrections sur la
sagacité du lecteur, le travail n'est pas pénible.

« Le môle St Nicolas que Colomb appela de ce nom,
parce que ce jour était la fête de ce saint, etc. —
La rade de Léogane est foraine et n'offre point d'ab...
aux bâtiments. — Le bourg (Jean Rabel) a dû son
existence à son église qui était bâtie en ce lieu avant
1743 que ses habitants obtinrent la permission de l'établir. Cortelieu, Constard, mort le 1er janvier 1807 à
dibert, pour avoir sauvé la vie de Pétion. — Ils (d
établissements) commencèrent sous d'heureux auspices
pour les Espagnols, mais bien funestes pour les inté-
gés. — Les belles savanes très-propres à l'élève
des bestiaux. — Quoique de grands événements s'y
sont passés, etc. — Heureuse toutefois la poésie
dans son sein le génie que la Providence semble
avoir créé pour consoler Haïti de ses calamités, etc.
la République doutent, etc. — Au nord, se trouvent
les îles turques et les autres débouquements. — Le désir
d'indépendance accrut une nouvelle intensité. —
hauteur perpendiculaire — terrain plane, cordons

plans. — Le colonel Nivaine est envoyé aux cayes pour
sommer les habitants à se rendre et Rigaud à s'éloigner du
pays. — La première (la garde nationale soldée) comprend
tous les habitants qui vivent sous les lois de la discipline
militaire. La seconde (la garde nationale non soldée) compr
tous ceux en état de prendre les armes, et la loi en fait un
devoir dès l'âge de 15 ans jusqu'à celui de 60. — Ce quartier
(les grands bois) est le plus productif en café qui y est d'une
excellente qualité. — Ces honorables sentiments, font regret
que le lien légitime du mariage n'unisse pas davantage
l'un et l'autre sexe. L'auteur regrette qu'il ne se contract
pas plus de mariages. — Ce résultat déplorable ne pourr
pas arriver cependant, où les personnes se liaient en
légitime mariage. À l'occasion de cette phrase, j'emplai
sans demandait si les choses avaient coutume de se marier

La description des villes, bourgs et bourgades d'Haïti pourra
procurer une agréable récréation. Je souhaiterais néanmoins
que la vérité y présentât toujours les choses telles qu'elles sont
réellement, et la jeunesse, en remerciant Mr B.
Ardouin de lui avoir indiqué les asiles funèbres des défenseurs
de notre cause, le prierait de lui faire connaître les actions
qui les recommandent à sa gratitude. Pour ma part,
je pense qu'une espèce d'itinéraire dont le Port-au-
prince serait le point de départ pour chaque département fatiguerait moins l'esprit que le mode préféré par
l'auteur, dont le moindre défaut n'est pas de transporter le lecteur tantôt dans le Nord, tantôt dans le Sud,
ou dans l'Est ou dans l'Ouest.

Enfin, parmi les dix-neuf notes qui complètent l'ouvrage, la quatorzième reproduit et achève la discussion de la question d'indemnité entamée à la fin du précis historique, mais dont la place est seulement ici. La seizième et la dix-septième me semblent superflues : l'une appuie une opinion que personne ne contestait et qu'd'ailleurs était présentée comme un doute ; l'autre donne une preuve peu concluante d'un fait que n'ignore pas l'univers, je veux parler du caractère hospitalier des haïtiens.

Ce jugement paraîtra sans doute trop sévère à quelques personnes, prévenues en faveur de l'écrivain que je combats ; mais j'ose espérer qu'il ne sera point taxé d'animosité, encore moins de jalousie. J'ai pensé qu'un ouvrage écrit pour la jeunesse devait réunir au mérite de la diction la rectitude des idées et la justesse du raisonnement. Dominé par cette influence, j'ai tracé les pages que je soumets au public. J'aime à penser que profitant de ces observations, conçues dans un esprit d'impartialité, l'auteur sentira le besoin de revenir sur cette première ébauche et qu'une nouvelle édition ne tardera pas d'offrir, sauf erreur de ma part, une exécution digne du motif qui a dicté son ouvrage. Covin aîné.

[illegible]

GÉOGRAPHIE

DE

L'ILE D'HAÏTI,

PRÉCÉDÉE DU PRÉCIS ET DE LA DATE DES ÉVÉNEMENS LES PLUS
REMARQUABLES DE SON HISTOIRE;

Par B. ARDOUIN.

PORT - AU - PRINCE.
1832.

AVERTISSEMENT.

Je livre au public une *Géographie de l'île d'Haïti*
qui n'est, à proprement parler, qu'un abrégé de
la volumineuse Description de ce pays par Moreau de Saint-Méry. Telle n'avait pas été pri-
mitivement mon intention; elle s'était bornée à recueillir dans ce précieux ouvrage des extraits sur
la topographie de chaque paroisse, pour en donner
une idée à de jeunes parens. Plus tard, j'ai reconnu le vide qui existe à cet égard dans l'instruction
de la jeunesse haïtienne à laquelle on ne peut présenter la description que je viens de citer, parce
qu'elle contient une infinité de détails qui peuvent
être intéressans pour l'homme viril, mais qui dé-
goûteraient promptement ceux dont l'âge tendre exige des connaissances utiles sans trop charger la
mémoire. Il m'a semblé alors que je pourrais bien
employer quelques momens de loisir, si je donnais
de l'extension à mon premier plan, en ajoutant à
mes extraits ce que je sais de notre pays, considéré sous divers rapports. J'ignore si j'ai réussi,
le public en jugera; mais j'ose espérer que quelle
que soit la sévérité qu'il mettra dans sa critique,
connaissant mes motifs, il usera envers moi de
toute l'indulgence qu'ils me semblent mériter. Et si
cette publication inspirait à notre jeunesse le désir

d'apprendre tout ce qui est relatif à notre intéressante patrie, ma satisfaction serait pleine et entière.

Pour atteindre ce résultat, il m'a paru que je devais faire précéder les notions sur la situation physique d'Haïti, d'un précis de son histoire et de la citation des dates des événemens les plus remarquables: pour faire l'un et l'autre, il m'a fallu recourir aux ouvrages de plusieurs auteurs. Si mon précis n'offre pas ces événemens sous les mêmes couleurs, c'est que cette différence est l'effet de la manière dont nous les avons envisagés, eux en taisant souvent la vérité ou la déguisant dans l'intérêt d'une cause qui nous fut aussi étrangère qu'hostile, et moi en la rétablissant dans toute sa nudité, pour prouver l'horreur du machiavélisme de nos ennemis.

J'ai pu me tromper dans le jugement que j'ai porté sur plusieurs de nos célébrités nationales; mais je n'ai été animé d'aucune prévention, d'aucun préjugé; j'ai loué et blâmé tour-à-tour, selon qu'il m'a semblé que l'équité l'exigeait. Si je n'ai pas cité une infinité d'autres faits relatifs à des individus que j'aurais ainsi mis en scène, c'est que je n'ai voulu que présenter un précis historique et que je ne pouvais avoir la prétention d'écrire l'histoire complète de notre pays qui exige sans doute de grands talens que je n'aurai jamais. Par exemple, dans le court parallèle que j'ai offert de l'administration de Christophe et de celle de Pétion, je n'ai présenté que leur résultat ; et si je me suis plus étendu sur celle de ce dernier, c'est qu'il est plus satisfaisant de parler des bienfaits de l'homme que des actes de sa méchanceté.

On s'apercevra aisément que j'ai supposé les connaissances élémentaires de la géographie à ceux qui étudieront celle-ci : il m'a paru inutile de les y insérer. Mais j'ai essayé d'offrir un aperçu statistique du pays, en présentant aussi une faible esquisse de nos mœurs, très-imparfaite je le sais, à laquelle j'ai joint quelques réflexions. J'ai décrit les villes, bourgs et bourgades, tant d'après M. de St.-Méry que sur les données que j'ai eues ; j'y ai réuni tout ce qui a rapport aux communes et je me suis également attaché, dans cette dernière partie, à rappeler les faits historiques qui se sont passés en différens lieux. Si je me suis trompé sur tous ces points, je recevrai avec plaisir les avis qu'une critique éclairée m'aura adressés.

PRÉCIS

DE L'HISTOIRE D'HAÏTI.

La pensée de Christophe Colomb avait deviné l'existence du Nouveau-Monde. Ses connaissances nautiques et son courage lui faisaient juger avec quelle facilité il eût pu exécuter l'importante entreprise de la découverte de ces nouvelles régions ; mais ses ressources étaient loin d'être proportionnées au désir qui l'animait. Il se vit donc forcé de solliciter les moyens nécessaires à l'accomplissement de son dessein, des rois dont il allait accroître la gloire, les richesses et la puissance. Mais, rebuté de toutes parts par des refus humilians ou par de vaines promesses, ce grand homme avait abandonné le projet qui devait l'immortaliser, lorsque la reine Isabelle de Castille se chargea du soin de le faire mettre à exécution. Parti des ports d'Espagne le 3 Août 1492, l'intrépide navigateur parvint à Haïti le 6 Décembre de la même année, après avoir découvert les îles Lucayes et celle de Cuba.

Ainsi se justifièrent les pressentimens du génie. Colomb s'empressa de retourner en Espagne pour y annoncer le succès de cette entreprise, toujours considérée comme chimérique, et proclamer sa gloire, sans penser que bientôt l'envie s'efforcerait de la lui ravir, en le privant de l'honneur de donner son nom aux contrées qu'il venait de réunir à l'ancien hémisphère, et en ajoutant à cette injustice les plus odieuses persécutions.

Le *Môle-Saint-Nicolas*, que Colomb appela de ce nom parce que ce jour était la fête de ce saint, fut le premier port d'Haïti qui reçut cet habile marin. Les naturels du pays désignaient cette île par ce nom qui, dans leur langue, signifiaient *terre haute, élevée, terre montagneuse* : ils l'appelaient aussi *Quisquéya*, qui signifiait *grande terre*, et *Bohio*, *terre où il y a beaucoup de villages et d'habitations*. Quant à la première dénomination, la nature du sol la justifie pleinement ; la seconde n'a pu lui être donnée qu'en la comparant aux petites îles qui l'environnent ; et la troisième semble prouver qu'elle était réellement très-peuplée. Mais C. Colomb ayant trouvé de la ressemblance entre ce pays et l'Espagne, lui donna le nom de *Hispaniola*, ou *Petite Espagne* : ce dernier lui fut conservé pendant long-tems. Sans doute, la grande prospérité de la ville de Santo-Domingo, principal établissement de cette colonie, fut la cause qui la fit insensiblement appeler *Saint-Domingue*, jusqu'à l'époque où son indépendance politique fut proclamée : alors elle reprit le nom d'*Haïti* que lui donnaient les premiers insulaires.

L'île était divisée en cinq états, commandés chacun par un chef qui prenait le titre de *Cacique*. L'état de *Magua* qui, en langue indienne, signifiait *royaume de la plaine*, avait sa capitale au lieu où depuis fut bâtie la ville de la Conception de la Véga : le cacique *Guarionex* y commandait.

L'état de *Marien* avait sa capitale dans le voisinage du Cap-Haïtien et obéissait au cacique *Guacanaric* ou *Guacanagaric*.

Celui de *Higuey* avait sa capitale dans ce lieu si renommé par la superstition : le cacique *Cayacoa* le tenait sous sa domination.

Celui de *Maguana* avait sa capitale au lieu où a été bâtie la ville ou plutôt le bourg actuel de Saint-Jean. *Caonabo*, de race caraïbe, s'en était fait cacique par sa valeur et ses talens.

Enfin, celui de *Xaragua* avait sa capitale dans la plaine du Cul-de-sac, au lieu où fut le vieux bourg. Le cacique *Béhéchio* en était le souverain.

La découverte de l'Amérique, qui devait amener tant de révolutions favorables parmi les nations européennes, offrit aussitôt l'horrible spectacle de l'injustice la plus inouie et des cruautés les plus barbares exercées contre les peuples qui l'habitaient : ces hommes doux et humains, qui avaient si généreusement accueilli les espagnols, furent traités en peuples conquis, en esclaves. Cette découverte devint encore la cause de l'extension donnée au

trafic infâme déjà commencé au préjudice des malheureux africains, que les européens destinèrent
dès-lors à remplacer ces infortunés indiens qu'un
fanatisme atroce et une rare cupidité détruisirent
si promptement, surtout dans les Antilles; et par
une conséquence du système d'esclavage établi contre
les uns et les autres, leurs descendans subissent
encore de nos jours l'influence des absurdes et
honteux préjugés que l'orgueil enfanta, que l'ava-
rice accrédite, et que tous les efforts d'une généreuse philantropie ne peuvent parvenir à dissi-
per entièrement, tant est tenace l'aveuglement de
ces dégradantes passions! Mais, c'est en vain
qu'elles opposent cette opiniâtre résistance aux lumières du siècle : il ne se sera pas écoulé, que la
philosophie en triomphera ; et les progrès de la
raison sont trop manifestes parmi les populations
asservies, pour qu'elles ne réussissent pas, tôt ou
tard, à briser le joug humiliant qui leur a été imposé.

Avant de retourner en Espagne, Colomb avait
établi une fortification dans les environs de Caracol,
à quelques lieues du Cap-Haïtien. L'année suivante,
il revint dans l'intention de former en Haïti des
établissemens pour le royaume d'Espagne : ils commencèrent sous d'heureux auspices pour les espagnols, mais bien funestes pour les insulaires; car
durant l'absence de l'amiral, la garnison qu'il avait
laissée à Caracol s'étant attirée la haine de ces

hommes naturellement doux, par les excès auxquels elle se livra, le cacique Caonabo avait armé son peuple contre elle et avait tué tous les espagnols qui la composaient. Ce fut la cause de la fondation des nouveaux établissemens près de la pointe Isabélique, entre Monte-Christ et Puerto-de-Plata : le port, et la ville qui fut alors commencée, reçurent le nom d'*Isabelle* que leur donna Colomb, en reconnaissance de la générosité de la reine envers lui. C'est de là que partirent ces audacieux castillans, commandés par Alphonse Ojeda, qui enlevèrent par ruse le vaillant Caonabo, de sa ville capitale. Une entreprise aussi criminelle leur réussit contre le malheureux Guarionex; et dès-lors éclata entre les insulaires et les espagnols la guerre dont le résultat fut l'asservissement d'abord, et ensuite l'extinction totale de ces infortunés, qui ne pouvaient opposer qu'une faible résistance aux armes à feu et à la discipline de leurs adversaires.

La soif insatiable de l'or avait attiré dans l'île, qui en fournissait une abondante quantité, de nombreux colons auxquels on distribua les populations indigènes comme de vils troupeaux. Sous ces maîtres avides, ces malheureux furent forcés de se livrer aux travaux pénibles des mines qui, en peu de tems, moissonnèrent ceux que le glaive avait épargnés. C'est alors que les espagnols imaginèrent de transporter sur ce sol épuisé d'hommes, les africains dont ils faisaient déjà la traite ainsi que les portugais. (1) Bientôt après, ils durent se livrer au travail de la terre ; et la culture de la canne à sucre et du cacao vint relever un peu cette colonie de la détresse où l'avaient jetée cette dépopulation insensée et criminelle, ainsi que les émigrations qui eurent lieu sur les différens autres points de l'Amérique, à mesure que les découvertes s'étendaient. La multiplication des bêtes-à-cornes, (2) qui fut prodigieuse, donna de nouveaux produits qui exigeaient peu d'efforts et qui devinrent avec le tems le principal revenu de ce pays : de là, la nécessité de ces immenses concessions territoriales de la partie de l'Est et l'indolence du peuple qui l'habite. Les choses en étaient ainsi, lorsqu'au commencement du dix-septième siècle, la cour d'Espagne, qui voyait avec répugnance le commerce d'interlope qu'entretenait cette colonie avec les hollandais et d'autres nations, ordonna la démolition de plusieurs villes de la partie occidentale dont les habitans furent contraints de se concentrer dans l'intérieur de l'Est.

Cet abandon fut sans doute la principale cause de l'établissement de ces Aventuriers, connus sous la dénomination de *Flibustiers* et de *Boucaniers*, (3) qui s'étaient d'abord placés à l'île de la Tortue, en 1630, et qui finirent par se fixer définitivement sur la grande île vers l'année 1694. Toutefois, ils

durent conquérir cette portion du territoire qu'ils
envahirent sur les espagnols qui leur firent pendant
long-tems une guerre acharnée ; et les secours qu'ils
reçurent du gouvernement français, qui leur avait
envoyé des chefs pour les diriger dans leurs établissemens, assurèrent enfin à la France cette partie,
désignée anciennement sous le nom de *partie française de Saint-Domingue.*

Tandis que la colonie espagnole déclinait, celle
des français prenait chaque année de nouveaux accroissemens ; et lorsqu'en 1789, la première ne
comptait qu'environ 125 mille âmes (après avoir
été réduite à 6000 habitans en 1737), la partie
française en comptait plus de 600 mille de toutes
classes. Aussi, à cette époque de sa plus grande
splendeur, rien n'offrait un spectacle plus magnifique que l'état des cultures de cette *Reine des Antilles.*
La nature semblait sourire aux efforts laborieux
d'une population active arrachant du sol le plus
fertile les immenses richesses qui sont devenues
un besoin indispensable pour les peuples civilisés ;
mais la philantropie gémissait de cette prospérité
rapide qui n'était due qu'à l'oubli des droits les
plus précieux de l'homme. En vain, elle prédisait
aux orgueilleux colons les malheurs qui devaient
infailliblement survenir, si un adoucissement n'était
porté au sort des victimes de leur cupidité ; en
vain elle leur conseillait de se rendre aux vœux

de la philosophie qui répandait des flots de lumières sur la nature du pacte social : les richesses que leur procuraient ces êtres asservis, humiliés, tremblans devant une poignée de maîtres, en entretenant parmi eux un luxe asiatique, avaient endurci leurs cœurs : ils s'étaient insensiblement habitués à se considérer supérieurs à ceux qu'ils appelaient leurs *esclaves* ; ils ne pouvaient croire que ces hommes, en apparence si timides, nourrissaient en secret le désir de briser leurs fers ; et, se confiant à une fragile sécurité, ils s'endormaient sur le cratère du volcan près de s'ouvrir pour les dévorer.

Entre les maîtres et les esclaves, le tems avait formé une classe intermédiaire composée d'*affranchis* qui avaient acquis leur liberté civile, soit parce qu'ils étaient nés des colons, soit parce qu'ils avaient payé le prix auquel on les estimait étant esclaves : cette classe s'était encore accrue autant par sa propre reproduction que par celle qui résultait du croisement des blancs avec elle. Enfin, en 1789, les hommes de couleur (4) étaient aussi nombreux que les colons blancs : chacune de ces populations s'élevait à environ 40,000 âmes, et celle des esclaves à plus de 500,000. (5) Tandis que l'esclavage le plus dur retenait cette nombreuse majorité dans les fers, les affranchis ne pouvaient exercer aucun droit politique dans la colonie : ils ne jouissaient que des droits civils seuls, encore res-

treints dans certaine partie. Des préjugés aussi révol-
tans qu'absurdes établissaient une ligne de démarca-
tion entre les diverses classes.

Les observations présentées ci-dessus sur l'état
politique de la colonie française particulièrement
peuvent, à quelque chose près, s'appliquer à celui
qu'offrait la colonie espagnole à la même époque de 1789. Sur la population totale de 125,000
âmes, les recensemens du tems comptaient 110,000
libres de toutes couleurs. et 15,000 esclaves : on
ne trouve pas d'une manière positive le nombre de
ceux que l'on classait parmi les blancs, parce
qu'à vrai dire, cette colonie comptait peu d'hommes réellement de cette classe; la plus grande
partie des libres étaient plutôt des hommes de
couleur dont beaucoup affectaient de se passer pour
blancs ou étaient considérés comme tels. Quoi qu'il
en soit, on doit prévenir le lecteur que jamais,
à aucune époque, les préjugés de la couleur n'ont
eu une influence aussi marquée dans cette colonie
que dans la colonie française; et même à certains
égards, il y avait là moins de distance entre le
maître et l'esclave, que dans la partie française
entre le blanc et l'homme de couleur libre.

Tel était enfin l'état des choses, lorsque la révolution éclata en France. Les relations qui unissaient Saint-Domingue française à sa métropole, la
prospérité où cette colonie était parvenue : tout

tendait à faire exercer par cette révolution une grande
influence sur son organisation intérieure. Aussi les
colons se crurent-ils appelés à jouer un rôle dans
le grand drame politique dont le monde allait être
témoin. Le désir d'indépendance, qui s'était déjà
manifesté parmi eux vingt-cinq ans auparavant lors
de la formation des milices, et qui s'était peut-
être enflammé par le résultat obtenu par les colonies anglaises de l'Amérique septentrionale, accrut une nouvelle intensité et les porta à se réunir spontanément en assemblées provinciales ; par
la suite, ils établirent une assemblée générale à
Saint-Marc, d'après l'autorisation de Louis XVI,
au moment où l'assemblée nationale régularisait
par son décret du 8 Mars 1790 ces réunions politiques. C'est dans cette assemblée générale qu'ils
posèrent, le 28 Mai de la même année, les bases
de la constitution de la colonie. Les dispositions
de cet acte, qu'ils daignèrent présenter à l'*acceptation* de l'assemblée nationale et du roi, annon-
cèrent leur volonté de parvenir à l'indépendance
politique de Saint-Domingue. La division dut nécessairement s'établir entre eux et le gouvernement
colonial qui régissait ce pays pour la France, surtout lorsqu'ils mandèrent à leur barre le gouverneur et l'intendant, et qu'ils affichèrent d'autres
prétentions non moins audacieuses.

Il était donc naturel que les hommes de couleur

se missent aussi en état de profiter des généreuses dispositions de cette immortelle assemblée nationale où tant de talens brillèrent d'un vif éclat, eux qui comptaient dans leur classe des citoyens de grande capacité, eux qui avaient acquis beaucoup d'aisance étant propriétaires du tiers des immeubles et du quart des valeurs mobilières de la colonie, et qui, dès 1785, avaient témoigné leur désir de parvenir à une amélioration politique. (6) Aidés par les conseils des membres de la société des *Amis des Noirs*, établie à Paris en 1787, dont plusieurs faisaient partie de l'assemblée nationale, (7) ils y firent parvenir leurs justes réclamations pour l'obtention de l'égalité des droits civils et politiques dont jouissaient les blancs dans la colonie : leurs demandes ne pouvaient être que favorablement accueillies par ces bienveillans philantropes dont la noble mission était de reconstituer l'ordre social sur ses véritables principes ; et le 19 Octobre 1789, lorsque leurs députés furent admis à présenter leur pétition à l'assemblée nationale, son président leur répondit : *qu'aucune partie de la nation ne réclamerait vainement ses droits auprès de l'assemblée des représentans du peuple français.*

Mais la faction coloniale était loin de vouloir consentir au partage des droits qu'elle s'attribuait exclusivement. Le fameux *Club Massiac*, composé des grands planteurs qui résidaient à Paris et qui s'était établi dans cette capitale dès 1789, employait toutes les manœuvres pour traverser les projets pacifiques des hommes de couleur, et correspondait avec les colons résidans à Saint-Domingue qui y faisaient aussi tous leurs efforts pour étouffer la voix de leurs adversaires. C'est dans cet esprit de criante injustice qu'ils immolèrent, en 1789, à leur haine et à leurs préjugés les infortunés *Lacombe*, au Cap, et *Ferrand de Baudières*, au Petit-Goave, le premier, homme de couleur, pour avoir adressé une pétition à l'assemblée provinciale du Nord tendant à obtenir l'égalité des droits, et le second, ancien sénéchal, pour avoir rédigé une autre pétition pour les hommes de couleur de cette ville qui demandaient la faculté d'envoyer un député à l'assemblée provinciale de l'Ouest. Ces attentats durent exciter l'indignation de ces hommes dont la modération était manifeste : aussi, dès les premiers mois de 1790, ceux des quartiers de l'Artibonite et des Vérettes se réunirent en armes sur l'habitation Blassac, en invitant les autres citoyens de leur classe à les imiter pour acquérir de vive force ce qui leur était si injustement refusé ; mais, ce premier rassemblement, qui n'avait point été concerté d'avance avec les autres quartiers, fut promptement dissous.

Alors parurent dans la colonie les décrets des 8 et 28 Mars 1790. Le premier avait occasionné des réclamations fondées de la part des commissaires qu'entretenaient à Paris les hommes de couleur; et par le dernier qui fut rendu en forme d'instructions sur le mode d'exécution du premier, l'assemblée nationale se contenta d'appeler à la formation des assemblées provinciales tous les propriétaires âgés de 25 ans. Certes, ce décret suffisait pour l'admission des hommes de couleur qui possédaient, comme on vient de le dire, le tiers des propriétés foncières de la colonie. Mais les orgueilleux colons, blessés par cette égalité de droits politiques accordée à leurs adversaires, refusèrent l'exécution de ce décret. C'est ce qui détermina Vincent Ogé, l'un des commissaires de sa classe à Paris, à revenir à Saint-Domingue pour la réclamer.

Débarqué au Cap le 23 Octobre 1790, malgré toute la vigilance des colons, ce courageux citoyen s'empresse de se rendre au Dondon où il réunit à la hâte les hommes de couleur pour leur communiquer son projet d'exiger par la force des armes la reconnaissance de leurs droits proclamés par le décret du 28 Mars. Il écrit en même-tems à ceux de l'Ouest et de l'Artibonite pour les engager à agir comme lui, et au gouverneur de Peinier pour le conjurer de faire exécuter ce décret; mais les colons ne lui laissèrent pas le loisir de concerter ses moyens. Plusieurs mois avant son arrivée, ils avaient donné les instructions les plus précises pour son arrestation ; une patrouille est envoyée au Dondon dans ce dessein : il n'y échappe qu'avec peine, et se voit contraint de prendre les armes avec environ 300 autres habitans. (8) A la tête de cette poignée de braves, il somme l'assemblée provinciale du Nord de promulguer l'acte souverain de la France. Mais que pouvait cette faible armée contre les troupes blanches et les colons réunis au Cap ?..... Vaincus par des forces supérieures, Vincent Ogé, Jean-Baptiste Chavannes et 24 autres se jettent dans la partie espagnole où ils sont arrêtés et conduits à Santo-Domingo. (9) Là, ils subissent une instruction judiciaire dirigée par le gouverneur de cette partie : ils sont réclamés par les colons du Cap et livrés à ces cruels ennemis qui les immolent à leur rage effrénée : ils subissent l'horrible supplice de la roue à la fin de Février 1791.

Justement irrités par ces meurtres atroces, et impatiens de tant d'horreurs, les hommes de couleur reconnaissent enfin que de leur courage seul dépend le succès de leur cause : ils fuient les villes et se réfugient dans les campagnes où ils saisissent leurs armes qui vont désormais décider de la question. En vain des décrets contradictoires surviennent successivement pour attester la fluctuation d'idées où se trouve momentanément l'assemblée nationale, en raison de l'influence des circonstances: en vain les colons s'opposent à cette émancipation que réclame la justice : cette résistance insensée ne produit d'abord d'autres résultats que la méfiance raisonnée des hommes de couleur, que leur mécontentement, et ensuite l'affranchissement général des esclaves que des événemens imprévus précipitent contre le gré des colons. Alors, ils recueillent le fruit de leur fol entêtement; ils reconnaissent enfin que la splendeur de leur règne inique s'est éclipsée devant l'astre de la liberté encore à son aurore. Toutefois, ils espèrent de pouvoir ressaisir la verge de fer sous laquelle la population colorée de Saint-Domingue a gémi durant près de deux siècles; et sacrifiant à leur ressentiment contre la métropole et ses agens, le prétendu patriotisme qu'ils affectaient au commencement de la révolution, ils livrent les plus beaux quartiers de la colonie à la domination des irréconciliables ennemis de la France.

On a vu quel était l'état politique de la colonie espagnole: elle n'eut rien de plus à cœur que d'observer la marche de la révolution qui s'opérait dans la partie française, pour tâcher de se préserver d'une pareille combustion. C'est cet esprit de crainte, auquel se joignirent les préjugés de la couleur, qui porta le gouverneur Joaquim Garcia et l'audience royale de Santo-Domingo à condescendre au vœu des colons français, en opérant l'extradition d'Ogé et de ses compagnons , malgré la généreuse opposition du docteur Vicente Antonio de Faura , assesseur du gouverneur. (10) Et lorsque l'insurrection des esclaves dans le Nord eût fait éclater la tempête révolutionnaire , les espagnols cherchèrent à la conjurer , en se faisant les agens de la contre-révolution et en s'emparant de l'esprit de cette masse ignorante par le fanatisme religieux , tout en fascinant ses principaux chefs par quelques hochets de l'aristocratie. C'est ainsi qu'on vit Jean-François , Biassou et le fameux Toussaint Louverture , prenant les titres de *grand-amiral* , de *vice-roi des pays conquis* , de *brigadier des armées du roi* , décorés de cordons et de croix , conduire les insurgés au rétablissement de l'ancien régime , consentir même à vendre , comme esclaves , dans la partie espagnole , (à l'exception peut-être de Toussaint) ceux de leurs frères qu'ils faisaient prisonniers en combattant les colons français. (11) Cet état de choses continua jusqu'à ce que ces colons eurent livré une partie du territoire français aux anglais : alors les espagnols , agissant de concert avec ces derniers, combinèrent des attaques réitérées contre les républicains qui y auraient succombé dans le Nord , si l'énergie qu'ils puisaient dans la plus sainte des causes ne leur avait donné les moyens de combattre avantageusement ces agens du despotisme. Mais , ce qui contribua puissamment à les sauver de la

ruine qui les menaçait, ce fut la soumission de
Toussaint Louverture à Laveaux ; avec sa nombreuse
bande, en 1794. Peu après, survint le traité de
Bâle entre la France et l'Espagne qui, abandonnant
la colonie espagnole à la république française, se
détacha de la coalition des rois contre elle et
prescrivit à ses agens à Saint-Domingue une autre conduite à l'égard des républicains. Désormais,
cette transaction politique va réduire à l'inaction
la colonie cédée, jusqu'au moment où Toussaint
Louverture ira en prendre possession au nom de
la France.

Les anglais avaient inutilement essayé la conquête
de Saint-Domingue. Après quatre années d'une possession toujours inquiétée, ils avaient fini par plier
devant les forces républicaines. Deux chefs s'étaient
distingués, parmi les défenseurs de la colonie,
dans la guerre qu'ils firent contre les ennemis de
la métropole : *André Rigaud* dans le Sud, et
Toussaint Louverture dans le Nord. Une politique
machiavélique qui s'effrayait déjà de l'attitude qu'a-
vaient prise ces enfans de la liberté, et qui re-
grettait peut-être que la Convention eût confirmé,
par son décret du 5 Février 1794, la liberté générale proclamée par les commissaires civils, sai-
sit ce moment pour mettre à exécution (du moins
entre ces deux chefs) son projet constamment
formé, dès l'aurore de la révolution, de diviser

les hommes que les affinités du sang et un même
intérêt doivent toujours tenir étroitement liés : elle
espérait ainsi occasionner une inimitié perpétuelle
entre les deux classes auxquelles ils appartenaient,
et de pouvoir mieux les dominer par cette division. Tel fut le but de la mission d'Hédouville
qui vint pour réparer l'insuccès des machinations
perversement employées lors de l'affaire de Monbrun
et de Desfourneaux, au Port-au-Prince, et de
celle de ce même Desfourneaux et de Rigaud,
aux Cayes. Telle avait été la perfide intention de nos
ennemis, sept années plûtôt, lorsqu'ils conseillèrent,
réclamèrent et exigèrent le sacrifice d'environ 250
hommes, connus sous le nom de *suisses*, qui avaient
fait partie de la prise d'armes de 1791. (12)

La guerre se ralluma ; mais ce fut entre des
frères ...... Ah ! qu'ils furent coupables tous les deux
de se laisser ainsi égarer !... Que de maux Toussaint et Rigaud eussent épargnés à leur patrie,
s'ils avaient su réunir leur influence et les forces
qu'ils dirigeaient, pour proclamer alors cette précieuse Indépendance sans laquelle il ne peut exister pour Haïti ni liberté, ni bonheur !... Toutefois,
l'impartiale histoire devra recueillir les faits pour
constater si la politique de Toussaint Louverture
n'avait pas pénétré le machiavélisme de leurs communs ennemis, et s'il n'avait pas senti la nécessité
de cette grande et importante mesure. Quoi qu'il

en soit, cette dissention désastreuse dans laquelle succomba Rigaud, occasionna des malheurs immenses : aux horreurs de la guerre civile, l'injustice, disons mieux, la férocité de Toussaint Louverture ajouta de nombreux assassinats. La population, déjà entammée par les guerres précédentes, éprouva une perte considérable ; l'animosité entre les vainqueurs et les vaincus vint aussi diminuer les forces sur lesquelles le gouverneur de Saint-Domingue crut pouvoir compter pour ses projets ultérieurs ; et le régime tyrannique qu'il étendit sur toute l'île, après la prise de possession de la ci-devant partie espagnole, servit encore de motifs pour relâcher les liens qui unissaient ce chef à ses concitoyens. Cette administration oppressive qu'il substitua au régime colonial contre lequel on s'était soulevé, devenait d'autant plus insupportable, qu'elle était infligée par celui qui avait le plus profité de la révolution, et encore au nom de la liberté ! Un mécontentement général, sinistre précurseur des catastrophes politiques, fut l'effet de ces rigueurs injustes et n'attendait qu'une occasion pour se développer : elle ne tarda pas à se présenter.

Le gouvernement consulaire de la France, alarmé pour la colonie du pouvoir dont le général Toussaint s'était vu contraint de s'emparer par le résultat de la mission d'Hédouville ; redoutant l'issue des négociations vraies ou fausses d'une puissance rivale avec le nouveau gouverneur de Saint-Domingue ; informé du mécontentement général ; excité d'ailleurs par les clameurs des colons qui croyaient entrevoir dans un prochain avenir leur expulsion de l'île ; et cédant sans doute aux ignobles préjugés auxquels le génie du grand capitaine ne s'est pas montré supérieur : le gouvernement consulaire crut ce moment favorable pour opérer à Saint-Domingue le renversement de l'ordre de choses que la France y avait elle-même établi : il crut pouvoir y rétablir *l'esclavage*, comme il le fit à la même époque à la Martinique et à la Guadeloupe, alors même qu'il sollicitait de la législature française l'odieuse loi qui autorisait cette méprisable mesure: c'était le prélude du retour à la monarchie. Une armée fut donc expédiée dans ces honteuses vues. Confiée à l'habileté du capitaine-général Leclerc, beau-frère de Bonaparte et confident de son projet, elle venait, disait-on, *sous les auspices de la liberté et de l'égalité*, accomplir les vœux de la France, en faisant jouir *les français de Saint-Domingue* de la plénitude de leurs droits : elle n'était composée que de braves défenseurs de la mère-patrie, d'autant moins suspects qu'ils venaient de combattre sur le sol européen les ennemis de cette même liberté. Aussi, cette entreprise fut-elle couronnée d'un plein succès ; et la défection du général Toussaint fut produite autant par son irrésolution dans cette circonstance décisive,

que par l'espoir que l'on mettait généralement dans
les forces protectrices de la France.

Mais, que cet espoir fut prompt à s'évanouir !
Qu'ils furent courts ces instans d'illusion ! Que d'actes atroces furent commis sans provocation sur les
malheureux indigènes, jusqu'alors si aveugles dans
leur dévouement à la France !.... Eh ! pouvaient-ils
se défendre d'une juste indignation à la vue des
potences élevées sur toutes les places publiques,
en remplacement du majestueux palmier consacré
naguère à la liberté ? à la vue de ces immenses
étouffoirs, des noyades, des massacres en tous
genres ? à la vue des dogues affamés expressément
amenés de l'île de Cube pour dévorer toute une
population, par cela seul qu'elle réclamait les précieux avantages résultant de la reconnaissance explicite de ses droits naturels ?... Qu'on ne s'étonne
donc pas si les haïtiens, dans leur impétueuse colère, ont exercé de si terribles représailles contre
leurs bourreaux ! Qu'on examine avant tout quelles
atrocités provoquèrent ces vengeances, et qu'on ose
dire si des hommes éclairés peuvent être plus excusables d'avoir commis les unes, qu'un peuple alors
généralement dépourvu de lumières qui exerça les
autres ! Ah ! sans doute, l'Humanité doit en gémir :
il lui appartient de réclamer contre cette inconceva-
ble fureur qui porte les hommes à s'entre-détruire,
en étouffant ainsi les sentimens de fraternité qui de-

vraient toujours les unir : sans doute il y aurait eu une
admirable générosité à éloigner de ce pays les pervers
qui avaient été ou auteurs, ou provocateurs de ces in-
fâmes assassinats ; mais nul n'a le droit de reprocher aux seuls haïtiens les actes qu'ils ne commirent que dans l'exaltation de passions dont les terribles effets seront jugés excusables par l'impartiale
postérité, parce qu'ils ont été excités par l'attentat le
plus horrible sur leur vie, leur honneur et leur liberté.

Enfin, après un généreux dévouement et d'héroï-
ques efforts, les phalanges indigènes étaient parve-
nues à expulser du territoire de l'ancienne partie,
française l'armée expéditionnaire que la France y
avait envoyée : il fallut ajourner l'expulsion des forces,
qui retenaient encore sous sa domination la partie,
de l'Est, jusqu'à un tems plus opportun ; mais le
moment était arrivé où le peuple haïtien devait, *par
un dernier acte d'autorité nationale*, se régir par des lois,
consenties par et pour lui-même. L'Indépendance
d'Haïti fut solennellement proclamée par les héros,
qui l'avaient conquise : elle était le résultat inévi-
table de deux cents ans d'oppression, d'injustices,
et d'iniquités en tout genre : elle seule pouvait assurer le bonheur du peuple. Il était donc naturel de
penser qu'il allait jouir de cette félicité sous le gouvernement du chef courageux qui l'avait guidé dans
cette immortelle conquête et qui, pour ce motif,
a mérité le titre glorieux de *Libérateur d'Haïti* que

l'histoire doit lui conserver, malgré sa conduite pos-
térieure : une administration paternelle eût été le
complément de sa gloire et lui eût acquis de nouveaux droits à la reconnaissance nationale. Mais,
comme il arrive quelquefois que l'homme le mieux
intentionné, dès qu'il est parvenu au faîte des gran-
deurs, abjure les généreux sentimens qui l'animaient
auparavant, le général Dessalines, qui avait encou-
ru de justes reproches pour les excès qu'il com-
mit pendant et après la guerre civile, et qui semblait être revenu de ses erreurs durant la guerre
de l'indépendance, le général Dessalines ne vit bientôt dans ses concitoyens que des esclaves faits pour
obéir aveuglément à ses caprices. Décoré de la pour-
pre impériale, à l'imitation de Napoléon, il crut
devoir être un maître absolu ; et en rétablissant le
régime de Toussaint Louverture, au lieu de profiter de ses fautes, il prouva qu'il ne voulait régner
que par la crainte. Et tel fut son égarement, que
sentant la nécessité de purger tout le territoire haïtien de la présence des français, et dirigeant une
partie de l'armée indigène contre les forces que commandait le général Ferrand qui, par un acte public,
avait encore provoqué cette tentative d'expulsion,
(13) loin de traiter en compatriotes, en frères, les
habitans de la partie orientale pour en faire autant
d'auxiliaires contre nos ennemis communs, il détrui-
sit leurs bonnes dispositions par les actes les plus

cruels ; car après le siège infructueux de Santo-
Domingo , il ordonna l'incendie des villes et des
bourgs , la capture de tous les habitans que l'on pouvait atteindre , pour les amener prisonniers dans les
autres départemens , et le massacre de tous ceux
qui fuyaient, avec raison, cette armée dévastatrice.
Ainsi, la conduite impolitique et inhumaine du général Dessalines retarda beaucoup plus long-tems la
fusion des deux peuples , que ne l'auraient pu faire
la domination de Toussaint Louverture et la pré-
tendue antipathie que des esprits prévenus croyaient
exister entre eux. Un gouvernement fondé sur des
principes si contraires à ceux de l'ordre social devait infailliblement s'écrouler au moindre choc : il
ne fallut en effet qu'un instant pour renverser le formidable Empereur qui, une minute auparavant, ména-
çait de tout écraser sous le poids de son sceptre de fer.

Après cette épouvantable catastrophe où l'énergie du peuple haïtien donna une si éloquente leçon
aux despotes, il était encore raisonnable d'espérer
que Henry Christophe, qui s'était distingué dans la
guerre contre les français, et que son ancienneté dans
l'armée appelait en quelque sorte au pouvoir exécutif, profiterait de cette récente expérience pour
amender son naturel déjà connu par des actes in-
humains, et reconnaîtrait la nécessité de suivre l'expression de la volonté générale comme règle unique
de sa conduite. Vain espoir ! C'est au moment où

les représentans du peuple achevaient , sur les dé-
bris fumans de la tyrannie, l'œuvre de sa régénéra-
tion qui contenait les principes les plus propres à
fonder son bonheur, que ce nouveau Phalaris parvient, par un coupable abus de l'autorité qui lui
était dévolue, à mettre en mouvement des forces
imposantes qu'il dirige contre l'assemblée constituante réunie au Port-au-Prince; au moment où elle
venait de l'appeler à la présidence de la République d'Haïti!..... Il fallut encore se livrer à toutes
les horreurs de la guerre civile : elle vint de nouveau diviser les enfans d'une même famille et porter la désolation dans un pays qui renaissait à peine de ses ruines. Combien n'a-t-elle pas nui à la
civilisation du peuple haïtien et aux progrès de sa
prospérité dès-lors interrompue !....
, Heureuse toutefois de posséder dans son sein le
génie bienfaisant que la Providence semble avoir
créé pour consoler Haïti de ses calamités sans cesse
renaissantes , la République soutint avec avantage
cette lutte sanglante; et tandis que Christophe re-
nouvellait horriblement les assassinats de Toussaint
Louverture et rétablissait son système de terreur, en
ceignant son front du bandeau royal, ALEXANDRE PETION
ménageait le sang précieux de ses concitoyens en se
tenant sur une exacte défensive, et accueillait comme des frères ceux qui fuyaient le tyran du Nord
ou que le sort de la guerre faisait tomber en son

pouvoir. Ses mœurs douces, ses vertus publiques et privées, sa modération exemplaire, son courage et ses talens militaires, sa politique profonde: toutes ces qualités éminentes qui constituent l'homme d'état, l'homme de bien et le vrai patriote servirent autant à l'affermissement de nos institutions politiques dont il fut le promoteur, qu'à leur assurer la prépondérance qu'elles exercèrent sur le régime de Christophe et qui amena sa fin tragique et la réunion du Nord aux autres départemens. C'est encore à la sagesse de Pétion, à sa politique basée sur l'humanité et la justice, que nous devons l'extension de nos relations avec les peuples civilisés dont le commerce fut accueilli avec toute la bienveillance qu'il devait trouver chez une nation jalouse de prendre rang parmi eux. Cependant, que de peines et de soucis ce grand Citoyen n'éprouva-t-il pas durant les onze années de sa glorieuse administration! Que d'entraves l'ambition et les passions égoïstes ne lui suscitèrent-elles pas!... Mais, toujours guidé par l'amour du bien public, il sut opposer à ses rivaux une modération au-dessus de tous les éloges. C'est surtout dans la déplorable scission du Sud, dont la fin désirée fut heureusement amenée par le patriotisme éclairé du général Borgella, qu'A. Pétion montra toute sa sollicitude pour le bonheur de son pays, alors que placé en présence d'un ennemi qui vendit d'augmenter ses

moyens par la reddition du Môle, il avait encore
à s'opposer à cette dangereuse et imprudente diver-
sion des forces républicaines. Bientôt après, et
dans les vues d'asseoir le bonheur général sur les
bases les plus larges, il provoqua du corps législatif le don d'une récompense nationale en faveur
des fonctionnaires et des défenseurs de la patrie, et
l'aliénation à un modique prix des biens du domaine
public. Par ces actes généreux, il attacha chaque
citoyen au sol haïtien : chacun d'eux s'identifia
davantage au sort du pays devenu le seul asile
honorable pour eux et leurs semblables. Enfin,
après avoir contribué à l'anéantissement de la
puissance espagnole dans l'Amérique méridionale,
par les secours généreusement accordés à S. Bolivar en 1816, au moment où la nation établissait
la pondération des pouvoirs politiques d'une manière
plus stable et plus analogue à l'esprit du siècle,
il descendit dans la tombe avec toute la sérénité
de l'homme juste et humain, emportant les vifs et
sincères regrets de l'universalité de ses concitoyens.

Émulateur de Pétion, son magnanime successeur,
aussitôt son avénement au pouvoir exécutif, s'occupe sans relâche de restaurer les finances de l'E-
tat, que des circonstances difficiles avaient altérées ;
il sait que sans moyens pécuniaires on conçoit en
vain les entreprises les plus utiles. Bientôt le crédit public renaît et donne les plus heureuses es-

-pérances sur une administration vigoureuse, mais sage. Une tournée dans le département du Sud apprend au chef du gouvernement que l'insurrection
de la Grande-Anse est une horrible plaie pour la
République; et méditant déjà la réunion du Nord,
il ordonne que cette insurrection finisse ses désastreux effets : treize mois suffisent pour y rétablir
l'ordre et la prospérité. En apprenant au peuple
haïtien cette heureuse pacification, qui n'a coûté la
vie qu'à quelques insurgés persévérans dans leur
folle résistance, le Président BOYER annonce aux
guerriers qui ont bien mérité de la patrie, qu'ils
ont encore de nobles travaux à entreprendre. Aussitôt le farouche Christophe conçoit les plus grandes craintes : un pressentiment, émané de sa conscience qui n'a cessé de lui reprocher ses crimes,
l'avertit que son règne affreux va finir : il veut, il
ordonne que la ville de Saint-Marc soit mise de
nouveau sur le pied d'une formidable défense. Malheureux ! c'est de là que doit partir le coup de tonnerre que Dieu t'apprête ! En attendant, une apoplexie foudroyante le renverse dans l'église de Limonade : c'est dans cet asile consacré à la Divinité , c'est durant les prières publiques que la main
du Créateur s'appesantit sur sa tête coupable ! Deux
mois ne se sont pas encore écoulés après cet événement , lorsque la vaillante 8e. demi-brigade d'infanterie secoue le joug du despote et livre Saint-

Marc à la République : vingt-trois jours après ,
Henry Christophe n'était plus , son trône sanglant
avait disparu, et le Président d'Haïti délivrait nos
frères de la plus affreuse tyrannie , en proclamant
la Constitution de l'Etat au Cap-Haïtien.

Cet important événement, qui terminait sans ef-
fusion de sang une guerre civile de quatorze années, en justifiant les prévisions d'Alexandre Pétion et de son successeur , servit aussi à prouver la
supériorité du régime légal sur le despotisme, de
la justice sur la tyrannie. Bientôt, l'accession du territoire de l'Est à la République vint accomplir les
dispositions de la loi fondamentale , en réunissant
en un seul faisceau tous les habitans d'Haïti dont
l'homogénéité préparait ce pacte de famille. Vai-
nément quelques esprits prévenus proclamèrent son
indépendance de la métropole espagnole , pour en
ériger un Etat distinct : les auteurs de la révolution du 1er. Décembre 1821 avaient établi un ordre
de choses incompatible avec l'existence de la République , qui avait jusque-là ajourné cette prise
de possession pour n'y opérer que la conquête des
cœurs. La sagesse de cette politique avait trop
bien profité à l'égard du Nord, pour n'être pas
suivie envers les citoyens de la partie orientale.
Aussi s'empressèrent-ils d'appeler de leur vœu
cette réunion fraternelle, eux, dont le courage
patriotique avait, à l'imitation des autres haïtiens,

délivré le pays , en 1809 , du reste de l'armée qui
en faisait encore une colonie française ; eux qui ,
pour cette œuvre glorieuse , avait alors reçu d'A-
lexandre Pétion des conseils et des secours en armes et en munitions. Dès-lors, le Chef de l'Etat
dut céder aux pressantes instances du peuple qui
habite ces fertiles contrées, et aller arborer sur la
Tour de la plus ancienne ville du Nouveau-Monde
le pavillon national, emblême de l'union cordiale
des haïtiens, et proclamer les salutaires institutions
qui ont porté Haïti au rang qu'elle occupe parmi
les nations.

Tant de succès devaient porter leur fruit. Les
relations extérieures, honorablement établies depuis
vingt-deux ans , étaient déjà une reconnaissance ta-
cite de l'indépendance de ce pays que la nature a si
avantageusement placé au centre de l'Archipel Co-
lombien : après de longues négociations , un acte ,
qui porte une reconnaissance explicite et nouvelle ,
y vint ajouter *une formalité* de la part de la puissance dont les prétentions étaient basées sur la
perte des propriétés des colons occasionnée par leur
expulsion de l'île. En cette circonstance , le gouvernement de la République se décida , pour terminer
tout litige , à accorder une indemnité en faveur
de ces colons. Ce don , émané de sa seule volonté , avait déjà été offert lors de la mission de Lavaysse et avait toujours fait la base des négociations

postérieures : il ne saurait prouver que les haïtiens aient pensé que leurs droits à briser leurs fers fussent contestables; car, si d'une part ils ont acquiescé à cette indemnité réclamée par l'ordonnance du 17 Avril 1825, de l'autre la France n'a pas moins reconnu, par le fait de cette ordonnance et quelle que soit sa forme, les droits des haïtiens à l'indépendance absolue de leur pays qui date, non du jour de l'émission de cet acte du roi de France, mais du jour où la volonté nationale, souveraine comme celle de tous les peuples, prononça la solennelle résolution de constituer Haïti en état libre et indépendant de tous les gouvernemens de la terre.

Enfin, quelques années après cette transaction politique, et dans l'espoir sans doute d'obtenir un pareil dédommagement pour une *suzeraineté* que l'absolutisme voudrait encore faire prévaloir sur la toute-puissance des peuples qui l'ont irrévocablement infirmée, le roi d'Espagne envoya auprès du gouvernement de la République un plénipotentiaire chargé de réclamer la restitution de la partie de l'Est. Cette mission, qui eut lieu en 1830, ne pouvait avoir d'autre résultat que celui qu'elle a obtenu, puisqu'il existe tant de motifs qui s'opposent à cette aliénation du territoire de la République, outre ceux dérivant de la Constitution de l'Etat à laquelle il ne saurait être dérogé. Et d'ailleurs, aucun droit ne pouvant être reconnu raisonnable-

ment en faveur dé l'Espagne, sur ce qu'il a plu
à son plénipotentiaire d'appeler la partie espagnole de Saint-Domingue, le gouvernement haïtien a dû repousser la demande de S. M. Catholique. (14)

Nota. — On a cru devoir terminer ici le précis historique.

EPOQUES

*Des événemens mémorables arrivés en Haïti ou ayant
rapport à ses habitans.*

1492. Décembre 6, Christophe Colomb découvre l'île d'Haïti,
et entre dans le port qu'il nomma *Saint-
Nicolas*, ainsi que le Cap qui en forme
l'entrée au Nord : c'est le Môle-Saint-
Nicolas.

1493. . . . . Ce navigateur jette les fondemens de la ville
d'*Isabelle*, sur la côte nord de l'île.

1494. . . . . Cette ville est transportée sur la rive gauche de l'Ozama, et prend le nom de
Nouvelle-Isabelle.

1504. . . . . Elle est transférée sur la rive droite de
cette rivière et reçoit le nom de *Santo-
Domingo.*

1630. . . . . Les *Flibustiers* commencent la conquête de
la partie française : ils prennent posses-
sion de la Tortue.

1640. . . . . Le commandeur de Poincy, gouverneur des
îles de l'Amérique, envoie Levasseur
prendre le commandement des Flibustiers
français : il chasse les anglais de la Tortue.

1777. Juin   3. Traité définitif entre les cours d'Espagne
                       et de France qui règle les limites des
                       possessions des deux nations.
1787. Décembre 21. A la nouvelle de la convocation des états-
                       généraux en France, les colons s'agitent
                       pour y être appelés.
1789. Juin   28. Admission des députés de Saint-Domingue en
                       France.
   " Octobre   19. *De Joly*, avocat au parlement de Paris,
                       J. Raimond, *Fleury*, *Dusouchet de Saint
                       Réal*, *Honoré* et *V. Ogé*, commissaires
                       des hommes de couleur, se présentent
                       à l'assemblée nationale et remettent leurs
                       pétitions tendant à obtenir l'égalité des
                       droits politiques.
   " Novembre   2. Assemblée des électeurs au Cap. Meurtre
                       de *Lacombe*, pour avoir demandé les droits
                       politiques en faveur des hommes de couleur.
1789. Novembre 19. Meurtre de *Ferrand de Baudières*, au Petit-
                       Goave.
1790. Février   24. Premier rassemblement des hommes de cou-
                       leur des Vérettes et de l'Artibonite sur
                       l'habitation Plassac, près de la Petite-Ri-
                       vière.
   "   "   27. Convocation de l'assemblée coloniale par le
                       comité de l'Ouest au nom des assemblées
                       provinciales du Nord, de l'Ouest et du Sud.
   " Mars   8. Décret de l'assemblée nationale qui arrête
                       la formation des assemblées coloniales.
   "   "   28. Autre décret qui admet à les composer toutes
                       les personnes propriétaires ou contribua-
                       bles, âgées de 25 ans.
   " Avril   15. La première assemblée coloniale, réunie à

Saint-Marc , se constitue *assemblée géné-*
rale de la partie française de Saint-Do-
mingue.

1790. Avril	26.	Affaire du Fond-Parisien : les blancs pour-suivent la famille des *Poisson* et des *Desmares* qui se réfugie à Neybe.
" Mai	28.	L'assemblée de Saint-Marc décrète les bases fondamentales de la Constitution de Saint-Domingue : elle était composée de 212 représentans de la colonie.
" Juillet	12.	Confirmation de cette assemblée par l'as-semblée nationale.
" "	30.	Le colonel *Mauduit* dissout, par la force des armes , l'assemblée provinciale de l'Ouest qui tenait ses séances au Port-au-Prince.
" Août	4.	Premier mouvement aux Cayes : mort de *Codère* , commandant de cette ville.
" "	8.	85 membres de l'assemblée de Saint-Marc partent pour France à bord du vaisseau le *Léopard.*
" "	9.	Députés du Port-au-Prince et de la Croix-des-Bouquets à l'assemblée nationale.
" Octobre	23.	*Vincent Ogé* débarque au Cap à 7 heures du soir.
" Novembre	7.	Les hommes de couleur de l'Ouest et du Sud se rassemblent à la voix d'Ogé.
" "	20.	*Ogé* est arrêté à Hinche avec 23 autres.
" "	25.	*J.-B. Chavannes* est arrêté à Saint-Jean, avec l'esclave *Louis.*
" Décembre	21	Ils sont livrés au nombre de 26 , à Santo-Domingo , au chevalier des Ligneries.
1791. Février	23.	Le conseil supérieur du Cap condamne V. Ogé et J.-B. Chavannes à être rompus vifs.

1791. Février   25. Ils subissent cet horrible supplice.

"   "   26. *Jacques Ogé* et 22 autres sont condamnés à la
                  même mort ; et 13 aux galères perpétuelles.

"   Mars   4. *Mauduit* est assassiné au Port-au-Prince.
                  André Rigaud qu'il avait fait arrêter , est
                  mis en liberté par le peuple. Blanchelande
                  avait fui de la ville : *Caradeux* est reconnu
                  capitaine-général de la garde nationale.

"   "   5. Première municipalité du Port-au-Prince.

"   Mai   15. Décret de l'assemblée nationale portant ad-
                  mission dans les assemblées coloniales des
                  affranchis de toutes couleurs , nés de pères
                  et mères libres.

"   Juin   26. L'assemblée nationale déclare qu'il n'y a pas
                  lieu à accusation contre les membres de
                  l'assemblée générale de Saint-Marc , et
                  les autorise à repasser, à Saint-Domingue.
                  Une nouvelle assemblée se réunit à Léo-
                  gane et delà se transfère au Cap.

"   Juillet   Plusieurs ateliers d'esclaves forment des ras-
                  semblemens insurrectionnels dans l'Ouest,
                  qui sont facilement dispersés par la maré-
                  chaussée.

"   Août   11. Un incendie éclate sur l'habitation *Chabaud*,
                  au Limbé , dans le Nord.

"   "   22. L'insurrection est générale dans cette partie :
                  plusieurs hommes de couleur sont massa-
                  crés au Cap , étant accusés par les blancs
                  d'être les auteurs de la révolte des noirs.

"   "   24. L'assemblée générale du Cap adresse une
                  lettre au gouverneur de la Jamaïque pour
                  lui demander des secours. Elle députe
                  deux de ses membres à cet effet : cette

négociation n'obtient que l'envoi de 500 fusils et des munitions de guerre et de bouche, par lord Effingham.

1791. Août 29. Troisième rassemblement des hommes de couleur dans l'Ouest et dans le Sud : ils se confédèrent et se choisissent des chefs, sortent du Port-au-Prince pour s'établir à la Charbonnière, à la Croix-des-Bouquets et au Mirebalais.

" Septembre 2. Les blancs du Port-au-Prince font une sortie contre eux : une affaire s'engage sur l'habitation *Pernier*, dans la plaine du Cul-de-Sac ; les hommes de couleur sont vainqueurs. *A. Pétion* y sauve la vie à un officier du régiment d'Artois qui avait été fait prisonnier.

" " 7. Concordat des hommes de couleur avec la paroisse de la Croix-des-Bouquets.

" " 11. Concordat avec le Port-au-Prince.

" " 22. Concordat avec Saint-Marc.

" " 24. L'assemblée nationale rend un décret qui laisse aux assemblées coloniales la faculté de statuer sur l'état politique des hommes de couleur.

" Octobre 23. Un traité de paix est signé sur l'habitation *Damiens*, dans la plaine du Cul-de-Sac, entre les hommes de couleur et les blancs, par lequel ceux-ci reconnaissent aux autres les droits politiques proclamés par le décret du 15 Mai.

" " 24. Les hommes de couleur font leur rentrée au Port-au-Prince. *Caradeux* est nommé commandant général des gardes nationales de l'Ouest , et *Beauvais* commandant en second.

Sur la nouvelle du concordat , l'assemblée générale du Cap envoie de nouveaux députés à la Jamaïque pour offrir au gouverneur de lui remettre la colonie : cette offre fut refusée.

1791. Novembre   2. Cette assemblée , en apprenant l'émission du décret du 24 Septembre , renvoie à un tems plus éloigné l'émancipation politique des hommes de couleur.

"   "   21. Affaire entre eux et les blancs au Port-au-Prince : incendie d'une partie de cette ville. Les hommes de couleur en sortent et se retirent à la Croix-des-Bouquets : ils renouvellent le concordat avec les communes environnantes.

"   "   23. Les commissaires civils *Mirbeck* , *Roume* et *Saint-Léger* arrivent au Cap.

Jean-François et Biassou adressent une lettre à l'assemblée générale du Cap pour proposer de faire rentrer dans l'ordre les noirs insurgés moyennant 400 libertés pour les chefs : cette assemblée s'y refuse.

" Décembre 16. Le vaisseau le *Borée* canonne le fort Bizoton.

1792.   Saint-Léger se rend au Port-au-Prince : son arrivée en fait cesser le siège que faisaient les hommes de couleur.

Borel , membre de l'assemblée du Cap , vient faire la guerre dans l'Artibonite : il est chassé par les hommes de couleur qui font un traité avec le vicomte de *Fontanges* , semblable aux concordats de l'Ouest.

1792. Février 18. Le poste *Mercy* est enlevé dans la plaine des Cayes.

« Mars 12. Saint-Léger parvient à dissoudre le rassemblement du *Trou-Coffi*, dans les mornes de Léogane.

« « 22. Les blancs du Port-au-Prince se rendent à la Croix-des-Bouquets : les hommes de couleur soulèvent les ateliers sous la conduite de *Hiacinthe* et forcent les blancs à rentrer au Port-au-Prince. Après cette expédition, l'insurrection des noirs devint générale dans l'Ouest et dans le Sud.

« Avril 2. Saint-Léger a une entrevue à Saint-Marc avec Pinchinat et se décide à partir pour France. Mirbeck y retourne aussi.

« « 4. L'assemblée nationale rend un décret qui abroge celui du 24 Septembre et rétablit celui du 15 Mai 1791.

« « 18. Les *Amis des Noirs* demandent leur admission à l'assemblée nationale.

« « 19. Blanchelande et Roume partent du Cap pour venir à Saint-Marc où un conseil de paix et d'union s'était formé entre les blancs et les hommes de couleur et avait renouvellé les concordats : ceux du Port-au-Prince seuls s'y opposaient dans l'Ouest.

« Juillet 5. Blanchelande attaque cette ville par mer, Rigaud du côté du Sud, Beauvais et Roume par la plaine : la ville se soumet, et le décret du 4 Avril y est exécuté. *Pralote* est assassiné.

« Septembre 17. Les commissaires civils *Sonthonax*, *Polvérel* et *Ailhaud* débarquent au Cap, avec les

			généraux Desparbès, d'Hinisdal, de Lasalle et de Montesquiou-Fesenzac, et 6000 hommes de troupes.
1792.	Octobre.	12.	L'assemblée coloniale du Cap est supprimée par la commission civile qui la remplace par une commission intermédiaire.
"	"	20.	Les commissaires civils déportent Blanchelande, Cambefort et autres.
"	"	21.	Desparbès est aussi forcé de s'embarquer : il avait voulu opérer la contre-révolution à la nouvelle des événemens du 10 Août en France. Le général Rochambeau, venu de la Martinique avec un renfort de 1800 hommes, est nommé gouverneur par les commissaires. D'Hinisdal part pour France.
"	Décembre	8.	Embarquement de Larchevêque-Thibaut et autres, au Cap.
1793.	Janvier	12.	Polvérel fait emporter le camp des Platons par le général Hardy. Rochambeau reçoit l'ordre de partir pour la Martinique. *Laveaux* lui succède dans le commandement des troupes.
"	"	23.	Des propositions sont faites au gouvernement anglais, à Londres, par les colons de Saint-Domingue.
"	"	25.	Borel prend le commandement du Port-au-Prince, et arrête Hanus de Jumécourt et Coustard.
"	Avril	12.	Les commissaires Sonthonax et Polvérel marchent contre le Port-au-Prince, Lasalle par la plaine, et Beauvais du côté du Sud. Le vaisseau l'*América* canonne la ville qui se soumet. Borel va s'embarquer à Jac-

mel pour la Jamaïque. — Les commissaires civils organisent au Port-au-Prince la
légion de l'Ouest , dite de l'*Egalité* : ils
chargent Pinchinat et Rigaud d'aller sou-
-mettre la Grande-Anse.

1793.	Juin	20.	Le général *Galbaud* était arrivé au Cap en qualité de gouverneur général : une mé-sintelligence éclate entre lui et les com-missaires civils qui s'y étaient rendus. Une affaire terrible en est le résultat , et le Cap est incendié. Des bandes d'esclaves sont appelés au secours des commissaires et obtiennent la liberté après le succès remporté contre Galbaud.
"	Juillet	14.	Affaire de *Bandolet* aux Cayes : il tente l'as-sassinat de Rigaud.
"	Août	29.	Sonthonax , resté seul au Cap , apprend que Jean-François va marcher contre lui en appelant à la liberté tous les noirs qui se réuniront à lui. N'ayant point de for-ces suffisantes , il prend le parti de pro-clamer la *liberté générale* dans toute la colonie.
"	Septembre	3.	Les anglais acceptent , à la Jamaïque , les pro-positions faites par les colons de Saint-Do-mingue. Dans le cours de ce mois, ils pren-nent possession successivement de Jérémie , du Môle-Saint-Nicolas , de Saint-Marc , etc. Laveaux est reconnu gouverneur-général.
"	Novembre	1.	Polvérel proclame , au Port-au-Prince , la *li-berté générale.*
1794.	Janvier	28.	Les espagnols et les bandes de Jean-Fran-çois s'emparent du Fort-Liberté.

(41)

1794. Février   4. La Convention nationale rend un décret qui
                    confirme la liberté générale dans les
                    colonies françaises, sur la motion de *Dan-*
                    ton.

"   "   7. Polvérel promulgue un réglement agraire.

"   "   9. Meurtre d'*Halaou*, à la Croix-des-Bouquets.
                    Son intention était d'assassiner le général
                    Beauvais.

"   Mars   17. Affaire de Sonthonax et Desfourneaux contre
                    Monbrun, au Port-au-Prince.

"   Juin   5. Les anglais entrent au Port-au-Prince. Son-
                    thonax et Polvérel vont à Jacmel, es-
                    cortés par Beauvais : ils y trouvent Rigaud.

                    Peu de jours après, la corvette l'*Espérance*
                    y arrive de France, portant le décret
                    d'accusation rendu par la convention na-
                    tionale contre les commissaires civils :
                    ils obéissent et se constituent prisonniers.

                    Rigaud fait arrêter Monbrun à Jacmel et
                    ensuite le renvoie en France. Il reprend
                    Léogane sur les anglais.

                    Laveaux se tenait au Port-de-Paix, et Vil-
                    late au Cap.

"   "   25. *Toussaint Louverture* abandonne les espagnols
                    et passe au service de la France, en se
                    soumettant à Laveaux : il est fait général
                    de brigade.

"   Juillet   7. Horrible massacre des français par les es-
                    pagnols et Jean-François au Fort-Liberté.

1795.   "   22. Paix entre la France et l'Espagne par le
                    traité de Bâle : cession de la partie es-
                    pagnole à la France. (4 thermidor en 3.)

"   Décembre 22. Attaque infructueuse des anglais contre Léo-

		gane : le fort Ça-ira contraint la flotte à lever l'ancre.
1795. Mars	21.	Affaire de Villate et Laveaux, au Cap. Ce dernier, reconnaissant de l'assistance que lui avait donnée Toussaint Louverture, en le délivrant des prisons où Villate l'avait enfermé, l'admet dans son conseil et le proclame le *Libérateur des Noirs*.
	Mai	12. *Sonthonax* revient, accompagné de quatre autres commissaires civils, *Giraud, Leblanc, Roume* et *J. Raimond*. Les deux premiers abandonnent bientôt la commission : Roume va à Santo-Domingo comme agent de la République; et J. Raimond reste auprès de Sonthonax.
		La commission publie une amnistie; mais, sur les plaintes de Laveaux, Sonthonax met hors-la-loi Villate à qui la commission avait pardonné, et conçoit dès-lors un projet qui le porte à élever Toussaint Louverture au grade de général de division.
1796. Août		*Kerverseau, Rey* et *Leborgne de Boigne* sont envoyés aux Cayes par Sonthonax pour y détruire l'influence de Rigaud : Desfourneaux y va pour prendre le commandement des troupes. Sonthonax donne l'ordre d'arrêter Pinchinat.
		28. Les délégués tentent cette arrestation : les hommes de couleur se soulèvent.
		30. Rigaud rentre aux Cayes. Les délégués sont forcés de s'amender et sont bientôt rappelés par la commission civile.
		Sonthonax est nommé député au corps Lé-

(43)

gislatif : Laveaux venait d'y être nommé
aussi. Cette nomination fut un coup de politique de Toussaint.

1797. Mai ou Juin   Toussaint Louverture est nommé *général en
chef* de l'armée de Saint-Domingue par
la commission civile.

"   Août   20. Il écrit une lettre à Sonthonax pour l'inviter à partir pour France.

1798. Janvier   2. Loi organique des colonies françaises par le
Corps Législatif.

"   Avril   21. L'agent *Hédouville* arrive au Cap : Toussaint
et Rigaud s'y rendent en même-tems pour
le voir : il reste seul de la commission
civile par la nomination de J. Raimond
au conseil des cinq-cents.

"   Mai   8. Les anglais capitulent avec Toussaint et évacuent le Port-au-Prince et les autres quar-
tiers de l'Ouest.

"   Août   22. Ils évacuent Jérémie.

"   Octobre   2. Ils évacuent le Môle-Saint-Nicolas.
Toussaint et Rigaud sont appelés au Cap
par Hédouville qui réussit à les désunir,
en autorisant Rigaud à ne pas obéir à
Toussaint.

"   "   22. Hédouville est forcé de s'embarquer et de
retourner en France.

"   Novembre 12. Toussaint rend compte de cet embarquement
au directoire exécutif.

1799. Janvier   24. Roume succède à Hédouville, ayant été appelé de Santo-Domingo par Toussaint.

"   Juin   18. Rigaud s'empare du Petit-Goave : commencement de la guerre civile suscitée par Hédouville.

1800.   Au commencement de cette année, l'évacu-
                         ation de Jacmel a lieu par A. Pétion.
                         Toussaint est confirmé général en chef
                         par Bonaparte.

"   Avril   27. Roume rend un arrêté (le 7 Floréal an
                         8) qui enjoint à Toussaint d'envoyer le
                         général *Agé* prendre possession de la par-
                         tie espagnole. Ce général est forcé de re-
                         tourner de Santo-Domingo.

"   Juin   19. Roume rend un nouvel arrêté (le 27 Prai-
                         rial) qui révoque le premier.

"   Juillet   8. Le colonel *Vincent* est envoyé aux Cayes
                         par Roume et Toussaint pour sommer
                         les habitans à se rendre et Rigaud à
                         s'éloigner du pays.

"   "   29. Rigaud s'embarque à Tiburon : fin de la
                         guerre civile.

"   Novembre 26. L'agent Roume cesse ses fonctions et part
                         pour France.

1801. Janvier   Toussaint fait marcher 10,000 hommes pour
                         aller prendre possession de la partie es-
                         pagnole.

"   "   6. Don Joaquim Garcia écrit à Toussaint pour
                         l'engager à retourner.

"   "   21. Une convention est prise entre eux pour
                         la remise de la partie de l'Est.

"   "   26. Toussaint entre à Santo-Domingo.

"   Avril   7. L'assemblée centrale de Saint-Domingue pro-
                         clame la Constitution par laquelle Tous-
                         saint Louverture est nommé *gouverneur-
                         général* de l'île.

1802. Février   5. L'armée française débarque au Cap ; incen-
                         die de la ville par Christophe.

1802. Février   5. Elle débarque au Port-au-Prince.

"   "   11. Un détachement prend possession de Léogane :
                  incendie de la ville par Pierre-Louis Diane.

"   "   12. Le général Humbert entre au Port-de-Paix :
                  incendie de la ville par Maurepas.

"   "   17. Proclamation de Leclerc qui met hors la
                  loi Toussaint et Christophe.

"   "   20. Paul Louverture appelle Kerverseau à Santo-
                  Domingo.

"   "   23. Combat de la Couleuvre où Toussaint a donné
                  des preuves d'un grand courage.

"   "   24. Le général Boudet entre à Saint-Marc : in-
                  cendie de la ville par Dessalines.

"   Mars   Leclerc vient au Port-au-Prince.

"   "   24. Evacuation de la Crête-à-Pierrot par *Lamar-
                  tinière* et *Magny*.

"   "   Christophe et Dessalines se soumettent.

"   Mai   1. Arrêté de Leclerc qui rapporte celui du 17
                  Février. Il écrit à Toussaint qui se sou-
                  met et se retire sur l'habitation *Sancey*,
                  aux Gonaïves.

                  Rochambeau est envoyé au Port-au-Prince,
                  en remplacement de Boudet. Rigaud ar-
                  rive en cette ville : bientôt après il est
                  rembarqué pour France.

"   Juin   11. Arrestation de Toussaint par le général Bru-
                  net : il est conduit aux Gonaïves où il
                  est embarqué sur le vaisseau le *Héros*.
                  Le 22 Prairial, an 10 (12 Juin) Leclerc
                  émet une proclamation qui annonce cet
                  événement.

"   Septembre 14. Pétion porte Clervaux et Christophe à se
                  retirer avec lui dans les bois : les deux

premiers partent du Haut du Cap. Dessalines les imite.

1802. Novembre 2. Mort de Leclerc au Cap. Rochambeau lui succède.

1803. Octobre 19. Expulsion des français du Port-au-Prince.

" " 17. " des Cayes.

" Novembre 28. " " du Cap.

1804. Janvier 1. Le peuple haïtien proclame son *Indépendance*. Le général Dessalines est nommé *gouverneur-général*.

" Octobre 8. Il prend le titre d'*Empereur*.

1805. Février 16. Il marche contre Santo-Domingo.

" Mars 7. Il forme le siège de cette ville.

" " 28. Le siège est levé par l'arrivée d'une escadre venant de France, apportant 4000 hommes de troupes.

" Mai 20. Constitution impériale d'Haïti.

1806. Octobre 14. Une insurrection se forme dans la plaine des Cayes pour renverser Dessalines.

" " 17. Mort de Dessalines sur le Pont-Rouge, à quelques centaines de toises du Port-au-Prince.

" Décembre 27. Constitution de la *République d'Haïti*, par les députés du peuple réunis au Port-au-Prince en Assemblée constituante. H. Christophe est élu Président d'Haïti.

1807. Janvier 1. Loin d'accepter la présidence, il commence la guerre civile par la bataille de *Sibert*, à 3 lieues du Port-au-Prince. Mort de *Coutilien Coustard*.

" " 8. Il lève le siège de la ville.

" Mars 9. Le général A. Pétion est élu Président d'Haïti.

1808. Novembre 7. Les haïtiens de la partie de l'Est, sous la conduite du général *Juan Sanchez*, gagnent une victoire contre les français à *Palo-Hincado*. Mort de *Ferrand*.

1808. Décembre 14. Un ordre en Conseil du roi d'Angleterre permet les relations entre les sujets anglais et Haïti.

1809. Juillet 11. Expulsion des français de Santo-Domingo.

1810. Avril 7. Retour du général André Rigaud en Haïti : il débarque aux Cayes.

" Juillet 10. Mort de *Lamarre* au Môle-Saint-Nicolas.

" Novembre Division entre le Sud et l'Ouest.

1811. Janvier 9. L'assemblée départementale du Sud publie un arrêté de constitution provisoire pour ce département.

" Février 12. Mort du général *Juan Sanchez*, à Santo-Domingo.

" Mars 9. A. Pétion est réélu Président d'Haïti pour 4 années.

" Juin 2. H. Christophe se fait *Roi d'Haïti*.

" Septembre 18. Mort du général *Rigaud*, aux Cayes.

" " 22. Le général *Borgella* est élu général en chef du département du Sud.

1812. Mars 14. Il fait sa soumission à A. Pétion : pacification du Sud.

" " 24. Bataille de Santo, à 2 lieues 1⁄2 du Port-au-Prince : le général Boyer, avec une poignée de braves, arrête l'armée de Christophe.

" Juin 14. Levée du siège du Port-au-Prince, par la défection d'une partie des troupes de Christophe qui se soumettent à A. Pétion.

1814. Octobre 24. Le général *Dauxion Lavaysse* arrive au Port-au-Prince.

1814. Décembre 3. Il retourne à la Jamaïque.

1815. Février 18. Christophe envoie des députés au Port-au-Prince pour inviter A. Pétion à se soumettre à son autorité.

" Mars 9. 3.e élection de Pétion à la présidence d'Haïti.

1816. Juin 2. Révision de la Constitution de la République d'Haïti, au Grand-Goave. La Chambre des Représentans des Communes est instituée.

" Octobre 6. *Fontanges* et *Esmangart*, commissaires du roi de France, débarquent au Port-au-Prince.

" " 9. Election à vie d'Alexandre Pétion.

" Novembre 11. Les commissaires repartent pour France.

1817. Avril 21. Ouverture de la première session de la Chambre des Communes.

1818. Mars 29. Mort d'*Alexandre Pétion*, à l'âge de 48 ans, au Port-au-Prince.

" " 30. Election du général *Jean-Pierre Boyer*, à la charge de Président d'Haïti.

" " 31. Funérailles de Pétion.

" Avril 1. Prestation de serment par S. E. J.-P. Boyer.

" Juin 2. Christophe envoie de nouveaux députés au Port-au-Prince.

1819. Janvier 26. Les troupes du Sud entrent en campagne contre les insurgés de la Grande Anse.

1820. Février 18. L'insurrection est terminée et la Grande Anse pacifiée.

" Avril 27. L'amiral *Home Popham* arrive au Port-au-Prince.

" Août 15. Incendie d'une partie de cette ville. Christophe est frappé d'apoplexie dans l'église de Limonade.

" Octobre 2. Le 8.e régiment d'infanterie se soulève à Saint-Marc.

1820. Octobre   5. Des députés apportent la tête de *Jean Claude* et annoncent la soumission de Saint-Marc.

"   "   8. Christophe se donne la mort, à Milot ou Sans-Souci , après le soulèvement de ses troupes au Cap.

"   "   16. Le Président d'Haïti arrive à Saint-Marc.

"   "   26. Il entre au Cap-Haïtien , et il pacifie le Nord.

1821. Décembre   1. Les haïtiens de l'Est déclarent l'Indépendance de cette partie de la République , de toute domination étrangère.

1822. Janvier   15. Une colonne se met en marche du Port-au-Prince , sous les ordres du général Borgella , tandis qu'une autre part du Cap-Haïtien sous les ordres du général Bonnet , se dirigeant sur Santo-Domingo.

"   "   28. Le Président d'Haïti part du Port-au-Prince.

"   Février   9. Il fait son entrée à Santo-Domingo et proclame dans cette ville la Constitution de la République.

"   "   Quelques bâtimens français viennent à Samana , sous les ordres du contre-amiral Jacob.

"   Mai   1. Retour du Président d'Haïti au Port-au-Prince.

"   Décembre   16. Incendie d'une partie de cette ville.

1824. Mai   1. Départ des citoyens Larose et Rouanez pour France.

"   Octobre   4. Ils retournent en Haïti.

"   Novembre   Assemblée des Généraux au Port-au-Prince.

1825. Juillet   3. Le baron de *Mackau* arrive en cette ville.

"   "   11. Acceptation de l'ordonnance du roi de France , du 17 Avril , par le Président d'Haïti et le Sénat.

"   "   21. Départ des citoyens Daumec , Frémont et Rouanez pour France.

1825. Décembre   Mort de *Daumec* à Paris.

1826. Février   Retour des citoyens Frémont et Rouanez au Port-au-Prince.

» Mars   5. Proclamation du Président d'Haïti qui explique dans quel sens le gouvernement haïtien a accepté l'ordonnance du 17 Avril.

» Novembre   Assemblée des Généraux au Port-au-Prince.

1830. Janvier   16. Arrivée de don *Felipe Fernandez de Castro*, ambassadeur extraordinaire du roi d'Espagne, pour demander la remise du territoire des départemens de l'Est.

» Février   1. Il repart pour Cuba, ayant échoué dans sa mission.

GÉOGRAPHIE

DE

L'ILE D'HAÏTI.

L'île d'Haïti, placée entre le 17e. degré 55 minutes et le 20e. degré de lattitude septentrionale, et entre le 71e. et le 77e. degré de longitude occidentale du méridien de Paris, a environ 160 lieues de longueur de l'Est à l'Ouest, sur une largeur du Nord au Sud qui varie depuis 60 lieues jusqu'à 7, et 350 lieues de tour, non compris les anses. Sa surface, indépendamment des îles adjacentes, est évaluée à 5200 lieues carrées.

Elle est située à l'entrée du golfe du Mexique, dans l'océan atlantique. L'une des quatre grandes antilles, elle tient le premier rang après Cuba, placée à 22 lieues au Nord-Ouest. A l'Ouest-Sud-Ouest, elle a la Jamaïque dont elle est distante de 45 lieues; et à l'Est-Sud-Est, elle a Puerto-Rico qui en est éloignée de 20 lieues. Au Nord, se trouvent les îles Turques et les autres débouquemens. Au Sud, elle n'est éloignée de la Colombie que d'environ 250 lieues; et moins d'intervalle la sépare des îles du vent. De sorte que l'on peut dire que

de toutes les antilles, Haïti est la plus avantageusement située par rapport aux relations qu'elle peut
avoir avec ces îles et avec la Colombie : celles
qu'elle entretient avec l'Europe et les Etats-Unis
ne rendent pas moins avantageuse cette situation
géographique.

Les îles adjacentes qui en dépendent sont la
Gonave, les *Caïmites*, l'*Ile-à-Vaches*, la *Béate*, *Alta-
Vela*, la *Saône*, *Ste.-Catherine*, la *Mòna*, *Monica* (1)
et la *Tortue :* on en parlera particulièrement.

Haïti offre l'aspect d'un vaste territoire composé
de montagnes et de plaines.

" De la conformation même de l'île, dit M. de
St-Méry, qui a une partie de sa surface en montagnes et une partie en plaines, résulte une grande
variation dans son climat et dans sa température.
Elle est spécialement produite par la situation de
l'île dans la région des vents alisés, attendu que le
vent dominant de l'Est, auquel St.-Domingue pré-
sente toute sa longueur, trouve dans les intervalles
des chaînes de montagnes, autant de canaux d'air
qui rafraîchissent et tempèrent ces mêmes montagnes, avantage que ne partagent pas les plaines
où des portions de montagnes arrêtent quelquefois
le vent et changent sa direction. Au surplus, une
foule de circonstances locales, telles que l'élévation
du terrein, la quantité plus ou moins grande des
eaux qui l'arrosent, et la rareté ou l'abondance des

bois, ont une influence sensible sur les effets du climat.

« Si une cause puissante ne balançait pas l'action d'un soleil toujours brûlant sous la zône torride, et qui darde des rayons presque perpendiculaires, pendant environ trois mois de l'année sur St-Domingue, la température de cette île serait insupportable pour l'homme, ou du moins pour l'homme que la nature n'aurait pas formé exprès pour son climat. Mais cette cause est dans le vent dont nous venons de parler, et dont les effets salutaires affaiblissent ceux du soleil.

« A l'influence conservatrice du vent se réunit et celle de la presqu'égalité des jours et des nuits, et celle de pluies abondantes qui rapportent sans cesse dans l'air une fluidité toujours désirable et qui, baignant avec profusion la surface de l'île, produisent, à l'aide de l'évaporation causée par la chaleur elle-même, une sorte de refroidissement.

« Ainsi, par un ordre immuable et dont la contemplation ravit le philosophe, la nature a voulu que tout servît à maintenir une sorte d'équilibre dans le climat de St-Domingue, souvent accusé par l'*intempérance*, et que l'on voudrait toujours comparer à ces climats plus fortunés que l'homme abandonne cependant, parce que sa cupidité y est moins excitée et plus lentement satisfaite que sous le ciel embrâsé de cette île.....

« Les deux saisons (l'été et l'hiver) sont plus
sensibles dans les montagnes que dans les plaines,
et en général les changemens de l'atmosphère sont
plus fréquens par rapport aux premières. C'est là
que la température est plus douce et qu'on n'éprouve presque jamais ni les chaleurs étouffantes, ni
ces brises qui, lorsqu'elles sont devenues violentes,
sont plus propres à dessécher l'air qu'à le rafraî-
chir et à le renouveller.

« Aussi le séjour des montagnes a-t-il quelque
chose de plus riant que celui des plaines. La vie
champêtre semble y avoir un caractère plus simple
et plus indépendant de toutes les gênes dont la
politesse a fait un code pour les villes et même
pour les campagnes qui les avoisinent. Il est rare
que le thermomètre s'y élève au-dessus de 18 ou de
20 degrés, tandis que dans la plaine, il se tient
presque au niveau de ceux des villes, et marque
conséquemment jusqu'à 30 degrés. Les nuits y sont
quelquefois assez fraîches pour que l'usage d'une
couverture de laine n'y soit pas une vaine précau-
tion. Il est même des montagnes de St-Domingue
où le feu est une vraie jouissance pendant certaines soirées. Ce n'est pas que le froid y soit considérable, puisque le thermomètre s'y soutient à environ 12 ou 14 degrés ; mais le contraste de cette
température avec celle éprouvée pendant le jour,
produit une sensation que les termes positifs du

froid et du chaud ne mesurent pas de la même manière que dans un pays froid. "

Comme toutes les antilles, Haïti est sujette aux tempêtes qui surviennent si souvent dans cette partie de l'Amérique et qui portent le nom que leur donnaient les Indiens. Mais la partie méridionale de cette île, comprenant l'espace qui s'étend du Cap Engaño à la pointe des Irois, éprouve plus fréquemment que les autres lieux ce fléau destructeur. Cependant M. de St-Méry dit à ce sujet : " l'homme qui rapporte tout à soi, et qui est ex- " posé aux maux sans nombre que les ouragans peu- " vent faire souffrir, a de la peine à concevoir qu'ils " soient utiles. Mais le philosophe que l'observation " a convaincu de l'ordre admirable qui régit l'uni- " vers, suppose cette utilité, quoiqu'inaperçue, et " plutôt que de blasphêmer contre une cause aussi " désastreuse en apparence, il aime mieux croire " que ces mouvemens extraordinaires de la nature " sont des crises nécessaires, combinées avec les " principes de la conservation du globe, et que " sans elles peut-être les antilles auraient été inha- " bitables, à cause de l'incroyable quantité d'insec- " tes qui y couvrent la terre ou qui y voltigent dans " l'air. "

Quels que soient les dangers qu'offrent les ouragans, peut-être ne sont-ils pas, pour l'homme, comparables à ceux qui accompagnent les tremblemens

de terre. (16) Ce redoutable phénomène fit disparaître en 1564 la ville de la Conception de la Véga,
et se fait sentir plus particulièrement au Port-au-
Prince qui fut renversé en 1770. Depuis cette dernière époque, des secousses ont eu lieu tous les
ans, mais avec beaucoup moins d'intensité : elles
sont ordinairement précédées par un bruit sourd,
appelé le *goufre*, que l'on entend souvent sans que
la terre tremble, et qui est produit par une cause
jusqu'ici inconnue, mais dont le siège semble être
dans le voisinage des Lacs de Xaragua et d'Azuei,
entre Neybe et le Port-au-Prince.

MONTAGNES.

Plusieurs sont fort élevées au-dessus du niveau de
la mer. La principale est celle de *Cibao* qui forme
un groupe considérable, à-peu-près vers le centre
de l'île, et d'où partent plusieurs chaînes dans des
directions diverses : elle est au moins de 1200 toises de hauteur perpendiculaire, et se trouve dans
le département du Nord-Est.

La *Selle*, le *Mexique* et le *Bahoruco* ou *Maniel*
forment la même chaîne qui, après s'être dirigée
de l'Ouest à l'Est va se terminer au Sud à la pointe
de la Béate. La Selle a une hauteur égale à celle
du Cibao et est située au Sud-Est du Port-au-
Prince, dans le département de l'Ouest.

La *Hotte* forme la chaîne qui part des Platons,

dans l'arrondissement des Cayes, parcourt celui de la Grande-Anse dans une direction Est et Ouest et se termine au Cap-à-Foux, près de Tiburon. Sa hauteur est aussi de 1200 toises au-dessus du niveau de la mer.

Le *Monte-Christ* forme une chaîne qui commence à la pointe la Grange et se termine à la presqu'île de Samana.

Les montagnes *Noire* et des *Cahos* commencent depuis la Marmelade et se terminent dans l'arrondissement de St-Jean.

Celle de *los Muertos* forme la chaîne qui se termine au Cap Engaño, dans le département du Sud-Est.

Ces dernières montagnes, avec d'autres moins considérables, ont une hauteur moyenne d'environ 400 toises.

" Cette configuration, dit M. de St-Méry, et la hauteur même des montagnes, est cause que, malgré la vaste étendue de plusieurs plaines, lorsqu'on voit l'île à une certaine distance, elle paraît montueuse dans sa totalité et que son aspect est bien éloigné de répondre à l'idée favorable qu'on doit en avoir. Mais l'observateur qui contemple les chaînes de montagnes et toutes les branches qui en partent, comme d'un tronc principal, pour aller étendre leurs ramifications sinueuses sur toute la surface de l'île, y voit, quant à celle-ci, la cause de sa fertilité, l'immense réservoir où s'accumulent les eaux que des rivières sans nombre vont ensuite répandre partout ; un moyen destiné par la nature à tempérer l'effet d'un soleil ardent, à arrêter la fougue des vents, à varier la température et même à multiplier les ressources et les combinaisons de l'industrie humaine ; enfin, le sol destiné à porter, jusqu'à la fin des siècles, les forêts bienfaisantes qui, depuis la naissance du monde peut-être, reçoivent les eaux propices que les nuées recèlent dans leur sein et qui, par leur situation ardue, sont protégées contre la coignée de l'homme dont le génie n'est pas toujours conservateur. "

A ces considérations philosophiques, on peut ajouter cette observation non moins importante que font naître les montagnes d'Haïti : c'est que ces lieux agrestes ont été et seront toujours le boulevard de la liberté et de l'indépendance nationale.

PLAINES.

La plus spacieuse de l'île, selon le même auteur, est celle de la *Vega Real* située dans le département du Nord-Est : elle parcourt les arrondissemens de la Véga, de San-Yago et de Monte-Christ : sa longueur est d'environ 80 lieues. Elle est d'une grande fertilité ; de nombreuses rivières l'arrosent. Sa principale production consiste en tabac qui est d'une excellente qualité ; on y cultive aussi la canne

à sucre, le cacao, et on y élève des bêtes-à-cornes ; mais une faible population, éparse sur cette
vaste étendue, ne retire de cette terre féconde
que peu de ces produits si recherchés. La rivière
du grand *Yaque* qui a son embouchure dans les
baies de Monte-Christ et de Mancenille, et celle de
Youna qui se décharge dans la belle baie de Samana, faciliteront beaucoup l'exploitation de ces
denrées et donneront à cette superbe plaine une
importance réelle, lorsqu'une population plus grande et plus active l'habitera.

De la rive gauche de l'Ozama jusqu'au Cap Engaño, c'est une étendue d'environ 60 lieues de
longueur comprenant 700 lieues carrées dont plus
de 600 lieues sont en plaines : elles sont aussi ar-
rosées par beaucoup de rivières. Les produits qu'on
en retire sont du sucre, du café, du tabac, de l'a-
cajou, des bêtes-à-cornes et autres bestiaux : le terroir en est très-fertile.

La plaine d'*Azua* qui comprend l'espace qui est
entre la rivière de Neybe et l'anse de la Caldera,
a 150 lieues carrées de surface. Le terroir en est
d'une fertilité étonnante, malgré la sécheresse qui
y règne habituellement : on y fabrique du sucre très-
beau, et l'élève des bestiaux et les coupes de bois
d'acajou y sont aussi des branches d'industrie, comme dans toute la partie orientale de l'île.

Celle de *Neybe* a 50 lieues carrées de surface :

on en retire les mêmes produits que dans la plaine d'Azua.

Les portions planes qui sont au pied du Baho-ruco, à l'Est et à l'Ouest, comprennent une surface de 140 lieues carrées ; elles offriraient les mêmes avantages si elles étaient cultivées.

Les plaines de *St-Jean*, de *Banica*, et de *Hinche*, appelées vallées de *St-Thomas* et de *Goave*, ont 200 lieues carrées de surface. Les bestiaux qu'on élève dans ces gras pâturages forment la principale branche d'industrie de ces lieux dont les habitans ont beaucoup augmenté depuis 1822: toutes les autres denrées du pays y viennent facilement.

Celles du département du *Nord*, à partir de la rivière du Massacre jusqu'aux limites du Port-Margot, peuvent être évaluées dans leur ensemble à une superficie d'environ 180 lieues carrées. On y cultive avantageusement la canne à sucre.

Celle du *Cul-de-Sac*, près du Port-au-Prince, a plus de 8 lieues de l'Est à l'Ouest, sur une largeur du Nord au Sud qui varie depuis 2 lieues 1/2 jusqu'à 4. Ce n'est que depuis 1724 qu'on y planta la canne: la sécheresse habituelle de cette plaine obligea à recourir à l'arrosement de cette précieuse plante, en 1730; et les effets de ce puissant agent de la nature y firent produire, avant la révolution, environ 50 millions de livres pesant de cette denrée: cet immense résultat n'est plus le même aujourd'hui.

Celle des *Gonaïves*, peut être évaluée à 24 lieues carrées. Elle fournit principalement du coton fort estimé.

Celle de l'*Artibonite*, qui est arrosée par la rivière de ce nom et par beaucoup d'autres moins grandes, paraît être formée par des dépôts de ces rivières, puisqu'on a trouvé à 30 pieds de profondeur différentes couches où l'on a distingué des feuillages et des branches d'arbres. On y fabrique du sucre et du coton. Sa surface est évaluée à 45 lieues carrées.

Celle de l'*Arcahaie*, placée en amphithéâtre le long de la mer, a environ 5 lieues de l'Est à l'Ouest, sur 3000 toises dans sa plus grande largeur du Nord au Sud. Le sucre qui en provient est d'une excellente qualité : on en fabrique peu.

Celle de *Léogane*, a environ 7 lieues dans sa plus grande longueur de l'Est à l'Ouest, sur 3 petites lieues dans sa plus grande largeur du Nord au Sud. Elle produit aussi du sucre d'une grande beauté.

Enfin, celle des *Cayes* offre une surface d'environ 20 lieues carrées. Là, comme au Cul-de-Sac, les eaux sont utilement employées à arroser la canne à sucre dont le produit récompense si bien les travaux de l'homme laborieux.

RIVIERES.

Peu de pays sont aussi arrosés qu'Haïti : cet avantage est dû, ainsi qu'on l'a vu ci-avant, à ses mon-

9

tagnes qui entretiennent les nombreuses rivières que la nature a répandues partout sur cette île fortunée. Mais ; sous ce rapport, les départemens de l'Est sont beaucoup plus favorisés que les autres : les rivières en sont plus considérables.

Celle dont le cours est le plus long est l'*Artibonite* que les indiens appelaient *Hatibonico:* son cours entier est de 60 lieues en ligne droite, depuis le Cibao où elle prend sa source. Elle est grossie par une infinité d'autres rivières avant de se jeter dans la mer, telles que le *Guayamuco*, le *Rio Cañas*, le *Fer-à-Cheval*, etc. Ses inondations dans la plaine qui porte son nom sont très fréquentes : elles y font le même effet que le Nil, en Egypte.

Les autres principales rivières sont la *Yuna* et le grand *Yaque*, dans le département du Nord-Est ; l'*Ozama*, l'*Isabela*, le *Macoris*, le *Soco*, le *Quiabon*, la *Romana*, *Jayna*, le petit *Yaque* et la *Neyba* dans le département du Sud-Est ; celles des *Cayes*, de *Cavaillon*, de *Jérémie*, de *Nippes*, dans le département du Sud ; celles de *Jacmel*, de *Léogane* et du *Cul-de-Sac*, dans le département de l'Ouest ; le *Massacre*, la *Grande-Rivière* et les *Trois-Rivières*, dans le département du Nord.

EAUX MINÉRALES.

C'est encore une grande richesse pour Haïti que les nombreuses sources d'eaux thermales qui existent sur toute sa surface.

Les principales sont celles du *Port-à-Piment*, dans le département de l'Artibonite, appelées anciennement *Eaux de Boynes*, mais qu'il conviendrait peut-être de nommer aujourd'hui *Eaux de Capoix*, pour réparer l'injustice commise envers celui qui les avait découvertes et contre laquelle M. de St-Méry s'est si noblement récrié, en attribuant à la flatterie la dénomination qui avait prévalu. Des établissemens considérables y avaient été faits avant la révolution : ils ont été détruits. Il serait à désirer qu'ils fussent rétablis et qu'un habile médecin pût s'y fixer, afin de diriger les traitemens des malades qui s'y rendent souvent : beaucoup de maladies, que l'art de guérir considérait incurables, y ont trouvé une guérison complète. Il y a sept sources réunies au même lieu.

La même propriété a été reconnue aux sources de *Banica*, situées à deux lieues de ce bourg du même département : il y en a quatre en cet endroit, qui manque également d'établissemens convenables.

D'autres sources moins considérables existent dans les communes de Dalmarie, des Irois, de Tiburon, de Jacmel, du Mirebalais, etc.

ETANGS.

Le plus grand est l'*Etang Salé*, appelé aussi *Lac de Xaragua*, et *Henriquille*, parce que le cacique

Henri se réfugia avec les siens sur le petit îlet placé vers son milieu et dont la longueur est de deux lieues sur une lieue de largeur : cet îlet est peuplé de cabrits sauvages. L'Etang salé situé dans le département de l'Ouest, a environ 9 lieues de longueur sur 3 lieues 1/2 de largeur : on peut lui donner 22 lieues de tour. Il est profond et a beaucoup de caïmans : l'eau en est limpide, amère, salée et d'une odeur désagréable. Il a flux et reflux, comme la mer.

A environ deux lieues au N. O. de cet étang s'en trouve un autre qui a la même direction que lui, mais seulement 5 lieues de longueur sur une largeur variable depuis une lieue et demie jusqu'à trois. On l'appelle *Etang Saumâtre*, à cause du goût âcre de ses eaux, ou *Laguna de Azuei* : il a également flux et reflux.

Au Sud de l'Etang salé, à une grande lieue, se trouve l'*Etang doux* appelé aussi *Laguna Icotea*, (étang des tortues) qui a près de 2 lieues de longueur, sur une demi-lieue de largeur. Cet étang n'a aucune communication avec les deux autres, et son étendue dépend des eaux pluviales et de celles des ravines qui l'entretiennent : il est abondant en tortues, en bons poissons et en gibier marin.

L'*Etang de Miragoane* dans le département du Sud, a 3 lieues de longueur sur 2000 toises de largeur. On évalue son circuit à 7 lieues, en comptant ses sinuosités. Sa profondeur est généralement de 30 toises. Ses eaux s'écoulent dans la mer, à l'Acul du Carénage près de la ville de Miragoane, et servent à l'usage de ses habitans. On traverse cet étang sur un pont de bois dont les culées sont en pierres, sur la route du Petit-Goave à Miragoane. Anciennement, on avait conçu le projet de creuser un canal qui menerait de l'Acul du Petit-Goave à l'étang, pour le transport des denrées de cette partie.

On avait aussi projeté de creuser un canal depuis l'Etang saumâtre jusqu'à l'embarcadère du fossé, près de la ville du Port-au-Prince : ce canal aurait ainsi traversé la plaine du Cul-de-Sac dans toute sa longueur, et aurait servi au transport de l'immense quantité de sucre qu'on y fabriquait. Depuis 1822, le gouvernement a fait construire sur cet étang et l'Etang salé une barge et un acon, pour faciliter les communications de la capitale avec le département du Sud-Est, et éviter aux voyageurs une route pénible pratiquée à travers les rochers sur le bord septentrional de l'Etang saumâtre. Mais l'empire de l'habitude empêche qu'on ne profite de ces facilités : il est vrai que le service de ces barques est fort négligé par les mariniers préposés pour cela, et qu'un grand inconvénient, souvent insurmontable pour elles, s'offre presque toujours dans ces étangs : c'est la violence avec laquelle soufflent les vents d'Est et d'Ouest entre les montagnes qui encaissent, pour ainsi dire, ces lacs.

Cet inconvénient pourrait être levé par l'établissement de bateaux à vapeurs qui auraient le double avantage de faciliter les communications et de servir au transport des bestiaux de Neybe et d'Azua dans la plaine du Cul-de-Sac. Mais ces améliorations ne pourront être que l'ouvrage du tems; elles arriveront sans doute avec l'accroissement de la population qui partout sert au développement de l'industrie.

BAIES.

La plus grande et la plus belle baie d'Haïti est celle de *Samana*: elle est située entre les caps Samana et Raphaël. C. Colomb l'avait appelée *Baie des flèches*, parce qu'il y trouva beaucoup d'indiens armés de flèches. Elle a une ouverture de 7 lieues, sur une largeur moyenne de 5 lieues, et environ 20 lieues de profondeur. Les plus fortes escadres y trouveraient un asile sûr; mais son entrée est difficile et étroite: il faut nécessairement passer sous le canon du fort Cacao construit depuis 1822. L'étendue de cette magnifique baie, sa position au vent de l'île, la tranquillité de ses eaux, jointes à l'immense quantité de bois de construction navale de la péninsule et aux mines de fer et de cuivre qu'elle recèle dans son sein: tout concour-

rait à faire de ce lieu le point le plus important
sous le rapport maritime. On pourrait y faire
la pêche de la baleine.

Les autres baies dont l'importance et l'étendue
diffèrent plus ou moins entre elles, sont celles du
Môle St-Nicolas, d'Ocoa, de Higuey, de Neybe,
de Jacmel, de Bainet, des Flamands, du Mesle,
de St-Louis, des Caïmites, des Baradères, de Miragoane, du Petit-Goave, du Port-au-Prince, de
St-Marc, des Gonaïves, de Henne, de l'Acul du
Nord, de Caracol, du Fort-Liberté, de Mancenille, de Monte-Christ, et la baie Ecossaise.

CAPS.

Les côtes de l'île présentent les promontoires
suivans, savoir :

Le vieux Cap-Français, le Cap Cabron, le Cap
Samana, dans le département du Nord-Est ; les
Caps Raphaël, Engaño, Espada, dans le départe-
ment du Sud-Est ; le Faux-Cap, les Caps Mongon,
Jacmel, Bainet et St-Marc, dans le département
de l'Ouest ; le Cap Tiburon, le Cap-à-Foux et le
Cap Dalmarie, dans le département du Sud ; le
Cap-à-Foux et le Cap St-Nicolas, dans le départe-
ment de l'Artibonite.

PRESQU'ÎLES.

Haïti en a trois : celle de Samana qui est la plus
considérable, celle du Môle St-Nicolas et celle des

Baradères. La première a quinze lieues de longueur de l'Est à l'Ouest, sur une largeur qui varie depuis cinq lieues jusqu'à deux : presque toute sa surface est en montagnes, et plus de vingt rivières l'arrosent. La seconde a, en ligne droite, 3200 toises de longueur, sur 1300 toises de largeur. Celle des Baradères, appelée plus particulièrement *Bec du Marsouin*, a 5 lieues de longueur S. O. et N. E. sur une largeur qui varie depuis 375 toises jusqu'à 1500 : on y trouve de très-beaux bois de construction, et des pêcheurs y font au commencement de l'année, la grande pêche des poissons qu'ils salent et qui servent à la consommation intérieure, comme ceux que l'on retire dans les parages de la Gonave. Le Bec-du-Marsouin est à 18° 33' 40" de lattitude N. et à 75° 55' 27" de longitude O., prises à la pointe Est.

ÎLES ADJACENTES.

La *Gonave*. Cette île, située à l'entrée du petit golfe que forme l'espace qui est entre le Cap St-Nicolas et le Cap Dalmarie, a 14 lieues 1/2 de longueur sur 3 lieues 1/2 dans sa plus grande largeur : elle est la plus grande de celles qui avoisinent Haïti et qui en dépendent. Il y a au centre de cette île un étang assez considérable dont les sources qui s'y trouvent paraissent être des infiltrations. L'air y est sain. On en tire des bois de construction. Lors du massacre de la cour de la reine *Anacoana*, beaucoup d'indiens s'y réfugièrent : ils l'appelaient *Guarabo* ou *Guanavana* (corossol) d'où l'on a fait Gonave. La pointe Est de cette île est à 18° 42' 30" de lattitude N. et à 75° 13' 33" de longitude O. ; la pointe Ouest, à 18° 52' 40" de lattitude, et à 75° 44' 33" de longitude.

La *Tortue*, située à peu de distance des côtes du Nord, en face du Port-de-Paix, a 9 lieues de longueur sur 3000 toises de largeur moyenne. Sa superficie est de 11734 carreaux. Ce fut le premier lieu où les flibustiers s'établirent en 1630 ; et en 1694, elle fut abandonnée pour les établissemens qu'ils avaient faits sur la grande terre. Cette île fournit aussi de très-beaux bois de construction: on y trouve une espèce de crabes rouges fort estimés par les amateurs qui n'en redoutent pas les mêmes effets que des autres espèces, quoique le mancenillier croît à la Tortue. Prise à son milieu, sa lattitude est à 20° 4'.

La *Saône*. Cette île, située au vent de Santo-Domingo, tout près de la baie de Higuey, a environ 8 lieues de longueur de l'Est à l'Ouest, sur 2 lieues de largeur du Nord au Sud, et près de 25 lieues de circonférence. Elle est très-fertile : les indiens l'appelaient *Adamanoy* ; il y avait un cacique particulier qui était le souverain de l'île et indépendant de ceux d'Haïti. Les espagnols firent dévoré ce cacique par un chien : ce qui excita une guerre entre eux et les indiens qui furent tous sacrifiés. Après ces actes de cruautés, elle fut cultivée en cannes à sucre par les africains que les espagnols y introduisirent ; mais depuis bien du tems, elle n'est plus habitée.

Ste. Catherine. Cette île, ainsi nommée à cause du nom de la dame à qui elle appartenait, est située sous le vent de la Saône, en face de la rivière de la Romana. Elle a très-peu d'étendue, et on y trouve beaucoup de gibier : elle fut anciennement cultivée.

La *Béate* est située à environ 6000 toises dans le S. O. de la pointe de la Béate ou de Bahoruco. Elle a 2 lieues 1/2 de longueur de l'Est à l'Ouest, sur une largeur moyenne de 2 petites lieues. Autrefois, elle a eu des habitations et des hattes : il y a beaucoup de gibier. C. Colomb y est entré en 1504. Il y a quelques années qu'elle servait souvent de refuge aux pirates qui infestaient la mer des antilles. Prises à son milieu, sa lattitude est à 17° 51' et sa longitude à 74° 1'.

Alta-Vela, ainsi nommée par Colomb en 1494, est à deux lieues dans le S. S. O. de la Béate : elle a 1500 toises dans sa plus grande longueur et autant dans sa plus grande largeur. Il y a de bons bois.

L'Ile-à-Vaches. A environ trois lieues au S. S. E.

de la ville des Cayes est située cette île qui a 4
lieues de longueur, sur une largeur réduite de 5/4
de lieue. Elle tire son nom, que lui ont donné les
Boucaniers, de la grande quantité de vaches qu'ils
y trouvèrent. Elle a été souvent aussi un lieu de
relâche pour les pirates. La pointe Est est à 18°
3' de lattitude, et à 75° 50' 20" de longitude, et la
pointe Nord-Ouest est à 18° 6' 10" de lattitude et
à 76° 3' 5" de longitude.

Les *Caïmites*. Ce sont des îlets dont le plus grand
a environ 2 lieues carrées de surface: ils sont situés au N. O. de la presqu'île des Baradères, vis-
à-vis du Corail et de Pestel. Il y a de beaux bois
de construction.

La *Mona* et *Monica* sont deux petits îlets situés
à l'Est de la Saône, entre Haïti et Puerto-Rico.
La Mona a deux fortes lieues de l'Est à l'Ouest,
et un peu plus du Nord au Sud. Elle a des ports
pour des barques moyennes et tout ce qui serait
nécessaire à des établissemens de culture et à l'é-
lève des animaux. En 1512, elle fut donnée à Barthélemy Colomb par le roi d'Espagne. Elle a été
alors très-bien cultivée et d'un grand produit pour
ses anciens propriétaires. Mais il paraît que depuis
long-tems elle a été abandonnée.

Monica est moins grande que la précédente.

STATISTIQUE.

GOUVERNEMENT.

La République d'Haïti, une et indivisible, a un gouvernement essentiellement fondé sur le principe de la *souveraineté nationale*.

Le pouvoir législatif est exercé par le Sénat et la Chambre des Représentans des communes : le Président d'Haïti a l'initiative des lois, autres que celles concernant les contributions publiques.

Les Représentans sont élus pour cinq ans par les assemblées communales ; et les Sénateurs pour neuf ans, par la Chambre des Représentans, sur un nombre triple de candidats présentés par le Président d'Haïti.

Le Président d'Haïti est élu à vie par le Sénat : il est le chef du pouvoir exécutif : il promulgue les lois, après qu'elles ont été décrétées par la Chambre des Représentans et acceptées par le Sénat : il en surveille l'exécution. Il nomme à tous les emplois publics, commande la force armée de terre et de mer, dirige les affaires publiques à l'intérieur, entretient les relations extérieures, fait tous traités de commerce, d'alliance et de paix et déclare la guerre, sous la réserve de la sanction de ces actes importans par le Sénat.

ADMINISTRATION.

Le Secrétaire d'Etat surveille tout ce qui a rapport à l'administration des finances : il en centralise tous les comptes pour les rendre à la Chambre des Réprésentans qui les examine, les débat et les arrête. La Chambre des Comptes les vérifie préalablement, et le Trésorier-Général centralise ceux des Trésoriers particuliers.

Le Grand-Juge est le chef du corps judiciaire : il a la surveillance des tribunaux et des officiers ministériels.

Le Secrétaire-Général est chargé du travail personnel du Président d'Haïti : il a sous sa surveillance les imprimeries de l'Etat, et il contresigne toutes les lois.

Le pouvoir judiciaire réside dans le Tribunal de Cassation, institué pour toute la République ; dans les Tribunaux Civils qui ont également les attributions correctionnelles, criminelles et maritimes; dans les Tribunaux de Commerce ; dans les Tribunaux de Paix qui ont aussi les attributions municipales et de police ; dans les Tribunaux d'arbitrage du choix des parties ou forcément lorsque la loi l'ordonne ; dans des Conseils Spéciaux pour les délits militaires ; enfin, dans une Haute Cour de justice, lorsqu'il s'agit de juger les grands fonctionnaires de l'Etat.

Les Conseils de Notables exercent les fonctions municipales dans les communes, concurremment avec les Juges de paix.

DIVISIONS DU TERRITOIRE.

— Sous le rapport *politique*, la République est divisée en *départemens ;* les départemens en *arrondissemens ;* les arrondissemens en *communes et quartiers* ou *paroisses ;* et ces derniers en *sections rurales.*

Les départemens ne sont point commandés en chef ; mais chaque arrondissement a un commandant qui, jusqu'ici, a été un officier militaire de grade supérieur. Ils ne reçoivent des ordres que du Président d'Haïti, qu'ils représentent dans leurs arrondissemens respectifs : ils en sont les *administrateurs politiques*, et sont chargés de la surveillance de la haute police.

Chaque commune, quartier ou paroisse est aussi commandé par un officier militaire qui relève du commandant d'arrondissement dont la commune, quartier ou paroisse fait partie.

Les sections rurales des communes, quartiers ou paroisses sont commandées par des officiers de police rurale qui relèvent du commandant de la commune, quartier ou paroisse.

Il y a six départemens, savoir : les départemens

du Sud,	du Nord,
de l'Ouest,	du Nord-Est,
de l'Artibonite,	du Sud-Est.

(75)

Il y a vingt-sept arrondissemens , savoir : les arrondissemens

des Cayes,	de St-Marc ,	du Trou, (a)
de Tiburon ,	des Gonaïves ,	du Fort-Liberté ,
de Jérémie ,	de la Marmelade ,	de Monte-Christ ,
de Nippes ,	du Môle St-Nicolas ,	de Puerto-Plata ,
d'Aquin ,	du Port-de-Paix ,	de San-Yago ,
de Jacmel ,	du Borgne ,	de la Véga , (a)
de Léogane ,	du Cap-Haïtien ,	de Santo-Domingo ,
du Port-au-Prince ,	du Limbé ,	d'Azua .
du Mirebalais ,	de la Gde.-Rivière,	de St-Jean.

Il y a soixante-seize communes, lesquelles sont :

Tiburon ,	Le Grand-Goave ,
L'Anse d'Eynaud ,	Le Petit-Goave ,
Dalmarie ,	Jacmel ,
Jérémie ,	Bainet ,
Les Abricots ,	Marigot ,
Le Corail ,	Le Port-au-Prince ,
Les Cayes ,	L'Arcahaie , (*)
Les Côteaux ,	La Croix-des-Bouquets ,
Le Port Salut ,	Le Mirebalais ,
Aquin ,	Las Caobas , (*)
Saint-Louis ,	Saint-Marc ,
Cavaillon ,	La Pte. Rivière de l'Artibonite ,
L'Anse-à-Veau ,	Les Vérettes ,
Le Petit-Trou ,	Les Gonaïves ,
Miragoane ,	Ennery ,
Léogane ,	Le Gros-Morne ,

(a) L'arrondissement du Trou a été réuni à celui du Fort-Liberté ; celui de
la Véga à l'arrondissement de San-Yago.

Terre-Neuve , (*)
Le Môle St.-Nicolas ,
Bombardopolis , (*)
Le Port-de-Paix ,
Jean Rabel ,
St-Louis du Nord ,
Le Borgne ,
Le Port-Margot ,
Le Limbé ,
Plaisance ,
La Marmelade ,
St-Michel de l'Atalaye ,
Hinche , (*)
La Grande-Rivière ,
Le Dondon ,
Vallière ,
Le Trou ,
Le Fort-Liberté ,
Ouanaminthe ,
Le Cap-Haïtien ,
La Petite Anse ,
L'Acul du Nord ,

Monte-Christ ,
San-Yago ,
La Véga ,
Le Cotuy ,
Puerto-Plata ,
Santo-Domingo ,
Samana ,
Higuey ,
Seybo ,
Bani ,
Saint-Christophe , (*)
Azua ,
Neybe ,
Saint-Jean ,
Las Matas , (Farfan de)
Banica , (*)
Las Matas de la Sierra, (*)
Macoris , (*)
Moca , (*)
Bayaguana , (*)
Monte de Plata , (*)
Los Llanos. (*)

Nota. — Les *communes* sont les villes ou bourgs où il y a un commandant de place et de la commune, un juge de paix , un conseil de notables et les autres fonctionnaires civils et militaires que nécessite le besoin du service : art. 6 de la loi du 17 Octobre 1821. Celles qui sont marquées d'un astérisque ne fournissent point de députés à la Chambre des Représentans.

Il y a trente-quatre quartiers ou paroisses, lesquels sont :

La Pte. Rivière de Dalmarie ,   Les Irois ,

Pestel,
Le Petit-Trou des Roseaux,
Le Trou Bonbon,
L'Anse du Clerc,
Les Anglais,
Les Chardonnières,
Le Port-à-Piment,
La Roche-à-Bateau,
Torbeck,
L'Asile,
Les Côtes-de-Fer,
St-Michel du Fond des Nègres,
Les Baradères,
La Pte. Rivière de Nippes,
Les Cayes de Jacmel,
Le Sale-Trou,

Les Grands-Bois,
Marchand ou Dessalines,
Sainte-Suzanne,
Saint-Raphaël,
Milot ou Sans-Souci,
Jacquezy,
Le Terrier Rouge,
La Plaine du Nord,
Le Quartier Morin,
Limonade,
Altamira,
Amina,
Boya,
Daxabon,
Los Minas,
Savana de la Mar.

Nota. — Les *paroisses* sont des bourgs où il y a une église de bâtie, ainsi que dans les communes : les *quartiers* sont des bourgs où ces édifices n'ont point été construits. Les uns et les autres ne sont érigés en communes que lorsque l'état de leur population le rend nécessaire.

Département du Sud.

Ce département, à partir de la pointe des Irois, la plus Ouest de l'île, comprendra la partie la plus occidentale jusqu'au pont de Miragoane, côté Nord, et l'embouchure de la grande rivière des Côtes-de-fer, côté Sud ; la ligne entre ces deux points, passant entre les paroisses de St-Michel et d'Aquin,

11

d'une part, et celles du Petit-Goave et de Bainet de l'autre, est la limite de ce département et de celui de l'Ouest.

Le département du Sud a pour chef-lieu les *Cayes*, et comprend les arrondissemens, communes, paroisses et quartiers suivans :

Les Cayes, ch.-l. de l'arr.	Torbeck, *p.*
Le Port Salut,	La Roche-à-Bateau, *q.*
Les Côteaux,	Les Anglais, *q.*
	Les Chardonnières, *q.*
	Le Port-à-Piment, *q.*
L'Anse d'Eynaud, ch.-l. de l'ar.	Les Irois, *q.*
Tiburon,	La Pte. Riv. de Dalmarie, *q.*
Dalmarie,	
Jérémie, chef-lieu de l'arr.	Le P. Trou des Roseaux, *q.*
Les Abricots,	Le Trou Bonbon, *q.*
Le Corail.	L'Anse du Clerc, *q.*
	Pestel, *q.*
Aquin, chef-lieu de l'arr.	
Saint-Louis,	
Cavaillon,	
L'Anse-à-Veau, ch.-l. de l'ar.	La Pte. Riv. de Nippes. *q.*
Le Petit-Trou,	L'Asile, *q.* (1)
Miragoane,	Les Baradères, *p.*
	St Michel du F. d. Nègres, *p.*

---

(1) Une partie de ce quartier dépend de l'arrondissement d'Aquin.

Département de l'Ouest.

La limite de ce département est à l'Ouest, celle qui lui est commune avec le département du Sud; elle suit au Sud la côte depuis l'embouchure de la grande rivière des Côtes-de-Fer jusqu'à la rivière de Neybe qu'elle remonte jusqu'à la rencontre d'une petite rivière à l'Ouest de Saint-Jean de la Maguana; elle suit cette petite rivière jusqu'aux montagnes, d'où elle parcourt une ligne Sud et Nord jusqu'à la rivière de l'Artibonite, près de Banica; elle descend cette rivière jusqu'à son embouchure, et de ce point suit le développement de la côte de l'Ouest jusqu'au pont de Miragoane.

Le département de l'Ouest a pour chef-lieu le *Port-au-Prince*, capitale de la République, et comprend les arrondissemens, communes, paroisses ou quartiers suivans :

Le Port-au-Prince, ch.-l. de l'ar.	Les Grands-Bois , *p.*
La Croix-des-Bouquets , -	
L'Arcahaie ,	
Jacmel , chef-lieu de l'arr.	Cayes de Jacmel , *p.*
Bainet ,	Les Côtes-de-Fer , *q.*
Marigot ,	Sale-Trou , *q.*
Léogane , chef-lieu de l'ar.	
Le Grand-Goave ,	
Le Petit-Goave ,	
Le Mirebalais , ch.-l. de l'arr.	
Las Caobas ,	

Saint-Marc , ch.-l. de l'ar.
La Pte. Riv. de l'Artibonite,
Les Vérettes.

Nota. — Suivant la loi du 10 Juillet 1801 de l'Assemblée centrale , une partie de la commune de St.-Marc , telle qu'elle est li-
mitée par la loi du 17 Octobre 1821 , entre dans le département
de l'Artibonite ; et celle de la Petite-Rivière y entre en entier.

Département de l'Artibonite.

La limite de ce département part de l'embouchure de l'Artibonite, la remonte jusqu'à Banica,
d'où elle se rend le plus directement possible au
point de jonction de la Capotille avec le Massacre ;
de ce point elle s'élève sur les crêtes de la Mine
et de Vallière , suit la chaîne des montagnes des
Fonds-Bleus, venant à Sans-Souci, traverse la montagne noire de la Grande-Rivière , parcourt les anciennes limites françaises et espagnoles , en englo-
bant la Mare-à-la-Roche , passe au haut du Trou,
vient à l'habitation Laroque, monte droit la chaîne
des montagnes de la Marmelade, passe à l'habitation Bedouret , en suivant toujours cette chaîne
jusqu'aux limites communes aux paroisses du Borgne, de Plaisance et du Gros-Morne , s'étend le
long de celles du Gros-Morne et du Moustique, et
aboutit à la petite rivière des Côtes-de-fer, et de
là à la mer. De ce point enfin , elle suit le déve-

loppement de la côte, passant par le Môle St-Nicolas, la Plate-Forme, les Gonaïves, jusqu'à l'embouchure de l'Artibonite.

Le département de l'Artibonite a pour chef-lieu les *Gonaïves*, et comprend les arrondissemens, communes, paroisses ou quartiers suivans :

Les Gonaïves, ch.-l. de l'arr.   Marchand ou Dessalines, q.
Ennery,
Le Gros Morne,
Terre-Neuve,

Le Môle St.-Nicolas, ch.-l. de l'ar.
Bombardopolis,

La Marmelade, ch.-l. de l'arr.
Hinche,
St.-Michel de l'Atalaye.

Nota. — Suivant la loi citée ci-dessus, les communes de *Plaisance* et de *Banica*, et la paroisse de *Saint-Raphaël* font partie du département de l'Artibonite, ainsi qu'une portion de la commune du *Dondon* : la loi de 1821 n'a pas eu égard à cette division dans la formation des arrondissemens.

Département du Nord.

La limite de ce département suit celle du département de l'Artibonite depuis l'embouchure de la petite rivière des Côtes-de-fer jusqu'à Banica, d'où elle se dirige au Nord-Nord-Est pour aller chercher les sources du Rebouc, en suit le cours, et va se terminer par une ligne à-peu-près Sud et Nord, à la mer, à environ douze lieues à l'Est de Monte-Christ, et de ce point parcourt la côte de l'Est à l'Ouest jusqu'au point d'où elle est partie.

Le département du Nord a pour chef-lieu le *Cap-Haïtien*, et comprend les arrondissemens, communes, paroisses et quartiers suivans :

Le Cap-Haïtien, ch.-l. de l'ar.
La Petite Anse,
L'Acul du Nord,

La Plaine du Nord, *p.*
Milot ou Sans-Souci, *p.*
Le Quartier Morin, *q.*
Limonade, *p.*

Le Port-de-Paix, ch.-l. de l'ar.
Saint-Louis du Nord,
Jean Rabel,

Le Borgne, ch.-l. de l'arr.
Le Port Margot,

Plaisance, chef-lieu de l'arr.
Le Limbé,

La Gde. Rivière, ch.-l. de l'ar.
Le Dondon,
Vallière,

Sainte-Suzanne, *q.*
Saint-Raphaël, *p.*

Le Trou, chef-lieu de l'arr.

Le Fort-Liberté, ch.-l. de l'arr.
Ouanaminthe,

Jacquezy, *q.*
Le Terrier-Rouge, *p.*
Daxabon, *q.*

Monte-Christ, chef-lieu de l'ar.

Département du Nord-Est.

La limite de ce département suit celle du département du Nord, depuis la mer jusqu'au point seulement où elle rencontre la plus haute élévation des montagnes de Cibao, ensuite la chaîne de ces montagnes jusqu'à celle où la rivière Sévico prend sa source, descend cette rivière jusqu'à celle de Yuna et de-là à la mer dans la baie de Samana, embrasse la presqu'île de Samana et règne le long de la côte, allant de l'Est à l'Ouest jusqu'au point de la limite commune avec le département du Nord.

Le département du Nord-Est, ci-devant *Cibao*, a pour chef-lieu *San-Yago*, et comprend les arrondissemens, communes, paroisses ou quartiers suivans :

San-Yago, chef-lieu de l'arr. Amina, p.
Le Cotuy,
La Véga,
Macoris,
Las Matas de la Sierra,
Moca,

Puerto-Plata, ch.-l. de l'arr. Altamira, p.

Département du Sud-Est.

La limite de ce département prend du point où

celle du département du Nord cesse d'être commune avec celle du département du Nord-Est; elle suit de l'Ouest à l'Est celle du département du Nord-Est jusqu'à la baie de Samana, la côte Sud de cette baie jusqu'au Cap-Raphaël; de ce point, le développement de la côte à l'Est et au Sud jusqu'à la rivière de Neybe, et se termine à l'Ouest par celle du département de l'Ouest et d'une portion de celle du département de l'Artibonite.

Le département du Sud-Est, ci-devant l'*Ozama*, a pour chef-lieu *Santo-Domingo*, et comprend les arrondissemens, communes, paroisses et quartiers suivans :

Sto.-Domingo, ch.-l. de l'ar.
Bani ,
Saint-Christophe ;
Seybo ,
Higuey ,
Samana ;   Savana de la Mar , *q.*
Bayaguana ,   Los Minas , *p.*
Los Llanos ,
Monte de Plata ,   Boya , *p.*

Azua , chef-lieu de l'arr.
Neybe ,

Saint-Jean , chef-lieu de l'arr.
Las Matas , (Farfan de)
Banica.

Nota. — Aucune loi n'a encore fixé les limites de ces deux

derniers départemens , non plus que celles de leurs arrondissemens ; mais on a suivi les limites prescrites par la loi ci-dessus
citée de l'Assemblée centrale , par le même motif qui a déterminé
la Constitution à s'y référer pour les autres départemens. -- *Neybe*
fait partie du département de l'Ouest , quoique de l'arrondissement d'Azua.

Quoiqu'il y ait soixante-seize communes , il n'y en a que soixante-
trois qui envoient des députés à la Chambre des Représentans : la
population des autres n'a pas paru nécessiter une représentation ,
n'étant pas encore assez élevée. Mais il y a eu tout 69 Représentans que fournissent les départemens , ainsi qu'il suit :

du Sud......................	15 Communes.....	16 Représentans.
de l'Ouest..............,	14 ....,.	16
de l'Artibonite........	7 ....,,...	8
du Nord.............,...	16 ....,.....	17
du Nord-Est...........	5 ....,....	5
du Sud-Est...,,........	6 ,.....,............,,...	7
	63 Communes.	69 Représentans.

Les chefs-lieux de département fournissent deux Représentans ;
la capitale en fournit trois. Cependant San-Yago n'en fournit qu'un ,
suivant l'arrêté du Président d'Haïti en date du 27 Février 1822 :
il est vrai que la population du Nord-Est est moins élevée que
celle du Sud-Est ; et comparativement, ces deux départemens ,
dont la population n'égale pas le septième des quatre autres, fournissent à la Chambre le cinquième des Représentans.

— *L'administration de la justice* divise le territoire de
la République en huit juridictions civiles qui, comme on l'a déjà dit, réunissent aussi les attributions

(85)

criminelles , correctionnelles et maritimes ou d'a-
mirauté , savoir : les juridictions

des Cayes ,
de Jérémie ,
de Jacmel ,
du Port-au-Prince ,

des Gonaïves ,
du Cap-Haïtien ,
de San-Yago ,
de Santo-Domingo.

Les Tribunaux civils siègent dans ces villes, chefs-
lieux des ressorts. Les Tribunaux de commerce y
siègent aussi et ont les mêmes ressorts.

Le Tribunal de Cassation siège dans la capitale.

Chaque commune a un Tribunal de Paix dont le
ressort a pour limites celles de sa commune et des
paroisses ou quartiers qui en dépendent.

— *L'administration des finances* divise aussi le territoire en treize arrondissemens financiers , savoir :
les arrondissemens

des Cayes ,
d'Aquin ,
de Jérémie ,
de l'Anse d'Eynaud ,
de Miragoane ,
de Jacmel ,
du Port-au-Prince ,

de Saint-Marc ,
des Gonaïves ,
du Port-de-Paix ,
du Cap-Haïtien ,
de Puerto-Plata ,
de Santo-Domingo.

Les Administrateurs résident dans ces villes dont
les ports sont les seuls ouverts au commerce étranger. Ils ont sous leurs ordres les Trésoriers particuliers , les Directeurs de Douanes et les Garde-Ma-

gasins de l'Etat à la même résidence; et de plus, les Préposés d'administration qui, dans les autres communes, cumulent toutes les fonctions administratives.

Par rapport à l'impôt industriel (droits des patentes) les communes sont divisées en six classes.

RELIGION.

Le clergé de la République était naguères sous l'administration spirituelle de l'Archevêque de Santo-Domingo, Primat des Indes, qui a volontairement abandonné son diocèse en 1830, pour se retirer à la Havanne : cet archevêché fut érigé en 1547 par le Pape Paul III. Un Grand-Vicaire transmettait ses instructions pastorales à des Vicaires-Générant qui eux-mêmes, avaient sous leur surveillance les pasteurs des paroisses. Mais, conformément à la Constitution, cette hiérarchie ecclésiastique ne formait pas un corps dans l'Etat : au Président d'Haïti seul il a toujours appartenu de nommer aux cures vacantes. Depuis le départ de l'Archevêque et du Grand-Vicaire, l'administration spirituelle est restée comme elle était avant l'année 1822 où les départemens de l'Est ont été réunis à la République.

Les ministres du culte catholique sont payés sur les produits des caisses curiales que régissent des marguilliers sous la surveillance des Conseils de Notables : ils ont aussi les baptêmes , les mariages et les petites messes qui forment un casuel à leur seul bénéfice. Il y a beaucoup de paroisses qui n'ont pas de caisses curiales : les curés profitent de tous les produits.

La religion *catholique, apostolique* et *romaine* est celle de l'Etat, étant professée par la majorité du peuple haïtien. Mais l'exercice de tous les autres cultes y est permis, pourvu que l'ordre public ne soit pas troublé.

Depuis 1817, le *méthodisme* s'est introduit en Haïti, d'abord par le séjour de deux étrangers pasteurs de ce culte qui y vinrent pour propager la méthode de Lancaster, et ensuite par l'immigration des citoyens venus des Etats-Unis, aux frais du gouvernement. Les premiers s'attachèrent à faire beaucoup de prosélytes : ce qui occasionna au Port-au-Prince quelques légers troubles religieux dans les premiers tems.

Des *anabaptistes* sont aussi venus parmi les émigrans des Etats-Unis.

ARMÉE.

La force armée se divise en *garde nationale soldée* et en *garde nationale non-soldée*. La première comprend tous les hommes qui vivent sous les lois de la discipline militaire : la seconde comprend tous ceux en état de porter les armes, et la loi en fait un devoir dès l'âge de 15 ans jusqu'à celui de 60.

L'état militaire a un effectif d'environ 40000 hommes de toutes armes. Ils ne sont assujettis qu'à un service très-doux, en comparaison de celui que font les troupes réglées de bien d'autres états, lesquelles étant presque toujours casernées, sont tenues à une discipline très-sévère. Ordinairement, la moitié des militaires est en service chaque semaine dans les garnisons ou cantonnemens respectifs, tandis que l'autre moitié a la liberté de se livrer aux différens travaux industriels et particulièrement à la culture des champs; et à la moindre nécessité, ces soldats-citoyens accourent spontanément à leurs drapeaux.

La garde nationale non-soldée prend les armes le premier dimanche de chaque trimestre et passe une revue générale d'inspection dans les communes. En cas de guerre, elle est assujettie aux lois militaires, partout où elle est employée activement.

Les commandans d'arrondissemens ont sous leurs ordres les gardes nationales de leurs arrondissemens respectifs: c'est à leur réquisition que se forment les conseils spéciaux qui jugent les délits militaires, et qui s'assemblent dans les chefs-lieux d'arrondissemens.

MARINE.

La situation géographique d'Haïti semble inviter ses habitans à pratiquer la navigation, pour pouvoir mieux se mettre un jour en rapport avec les îles de l'archipel destinées, comme elle, à devenir autant d'états indépendans. Ses relations pourront aussi s'étendre directement avec les Etats-Unis et la Colombie; d'ailleurs, la police de ses côtes réclame une marine militaire pour en repousser les pirates et protéger le cabotage. Durant la guerre civile de Christophe, les marins haïtiens de part et d'autre ont prouvé leur capacité à conduire les plus forts bâtimens et leur intrépidité dans ce genre de combats: à cette époque malheureuse, les flottilles étaient assez nombreuses. Aujourd'hui, la marine militaire se compose de quelques bâtimens de faible dimension. Les chantiers du Cap-Haïtien ont déjà donné un *bric*, et on en construit un autre en ce moment dont la force sera supérieure à celle du premier: ce résultat, qui prouve la possibilité des constructions navales dans un pays où se trouvent les bois de la meilleure qualité, est particulièrement dû aux talens du colonel *Villarseaux*, chef des mouvemens du port du Cap-Haïtien.

POPULATION, MŒURS.

Avant la révolution, les recensemens portaient la population de la partie ci-devant française à 520000 âmes, parmi lesquelles on comptait 40000 blancs, et suivant M. de St-Méry, dans la description de la partie ci-devant espagnole, la population de l'Est était évaluée à 125000 âmes. Mais on a toujours été d'opinion que ces recensemens étaient fort inexacts. Ainsi, en évaluant pour toute l'île une population de 7 à 800000 âmes, en 1789, on peut croire que ce chiffre ne surpasserait pas de beaucoup la réalité.

Sans doute, les guerres qui ont eu lieu en Haïti depuis cette époque, les ravages qu'elles y ont occasionnés et les émigrations qu'elles ont entraînées ont dû diminuer sensiblement cette population. Néanmoins, tout porte à croire que les pertes qu'elle a éprouvées ont été remplacées depuis la déclaration de l'indépendance et malgré la guerre civile allumée par la désastreuse ambition de H. Christophe. Il est facile de s'en convaincre par le nombre prodigieux d'enfans qu'on voit partout et par cette brillante jeunesse qui est répandue dans tous les départemens. D'un autre côté, les citoyens venus en Haïti des Etats-Unis et des colonies de l'archipel ont contribué à accroître la population. Qu'on remarque aussi, que si d'anciennes habitations rurales ne comptent plus que peu de personnes où il existait jadis des ateliers considérables, le nombre des habitans des villes a beaucoup augmenté.

C'est peut-être à cette circonstance, au séjour dans les villes d'une foule de gens sortis des campagnes, que l'on doit l'opinion assez répandue qu'Haïti a été frappée d'une dépopulation considérable. Il en serait donc autrement, et l'Etat, ainsi que ces particuliers eux-mêmes , eût gagné beau-coup si ce séjour n'était pas devenu si attrayant pour eux. Car, il est certain que dans les villes l'air est infiniment moins sain et les mortalités plus fréquentes , la vie est plus coûteuse et les moyens d'acquérir de l'aisance plus difficiles pour ceux qui, étant obligés de se créer une industrie quelconque pour suffire à leurs plus pressans besoins, sont ex-posés par-là à bien des privations avant d'y par-venir. Or, il n'est pas douteux qu'une personne la-borieuse peut facilement parvenir en peu de tems à une modeste aisance, en habitant avec persévé-rance la campagne ; et lors même qu'elle n'y ob-tiendrait qu'une nourriture plus abondante et plus saine , avec la paix de l'âme qui résulte ordinaire-ment de la satisfaction des premiers besoins, il en naîtrait certainement un moyen de plus pour hâter l'augmentation de la population.

En général , le peuple haïtien est capable d'in-dustrie : mille moyens , outre l'agriculture , lui sont offerts pour arriver, peut-être en moins de vingt-cinq ans , à une grande prospérité ; mais il ne fait pas tout ce qu'il aurait pu faire. Dans les villes, où il y a un surcroît d'habitans comme on vient de le dire , le travail ne manque pas ; mais peu d'ouvriers s'offrent ou s'acquittent bien de leurs de-voirs : une plus grande partie restent inactifs et indifférens au bonheur qui dépend d'eux seuls ; ils aiment mieux végéter que vivre honorablement par le travail : et la sobriété du peuple des campagnes particulièrement est telle, qu'il lui suffit de peu d'efforts pour se procurer les premiers besoins : delà, l'insouciance qu'on remarque parmi ces habitans pour se livrer à un travail régulier et assidu qui augmenterait considérablement les produits actuels. Cette règle générale souffre néanmoins d'honorables exceptions ; et les hommes d'un âge mûr, et surtout les anciens africains, sont ceux qui, dans les campagnes, sont les plus laborieux : la jeunesse se livre plus volontiers a la fainéantise, à l'oisiveté qui est réellement *la mère de tous les vices*. Aussi, remarque-t-on que le crime le plus fréquemment commis est le *vol*, et que la plus grande partie des coupables sont des jeunes gens. D'un autre côté, tant d'occasions sont offertes aux gens oisifs, soit par la négligence de la police ou des propriétaires, soit par l'impossibilité où l'on est de mieux garder ses propriétés, qui doivent en effet reposer sur la foi publique, qu'on peut encore dire qu'il est même étonnant que le vol ne se commette pas plus souvent. Cette observation dépose certainement en faveur de ce peuple qui, d'ailleurs, commet beaucoup moins d'autres crimes que les anciens peuples civilisés. Il est extrêmement rare de voir en Haïti de ces assassinats combinés dans le sang-froid d'u-

ne perversité cruelle : les meurtres et les blessu-
res ne sont presque toujours que le résultat de
passions violentes portées instantanément à une exas-
pération désordonnée, ou quelquefois l'effet de l'u-
sage immodéré des liqueurs fortes dont il est à désirer que la trop grande consommation qui se fait
en ce pays soit diminuée.

Cette consommation est due sans doute à la presque nullité de la fabrication du sucre qui augmente
celle du sirop converti en rhum ou tafia, et à l'in-
troduction des autres eaux-de-vie par le commerce
étranger. Sous ce rapport, on doit souhaiter qu'il
fût possible de trouver des moyens d'encourager la
production du sucre, qui n'est malheureusement plus
compté au nombre des denrées d'exportation et qui
sert plutôt à la consommation intérieure. Que d'hommes d'un âge mûr sont abrutis, que de jeunes gens
sont déjà dépravés par le fréquent usage de ces
boissons dont l'infaillible effet n'est pas seulement
d'éloigner des études utiles, d'habituer à la fainéantise; mais encore de créer une infinité de maux
qui, s'ils ne détruisent pas promptement les individus, font naître prématurément chez eux une ca-
ducité dégoûtante. Delà encore une cause qui s'oppose à l'accroissement de la population.

Malgré ce qu'on vient de dire, il faut néanmoins
espérer que le goût de la propriété qui se répand
chaque jour atténuera les désordres qui l'attaquent

et rendra plus facile la tâche de l'autorité publique
pour la garantir aux citoyens; et le développement
de l'industrie en étant une conséquence, l'amour
du travail se propagera aussi nécessairement parmi
les haïtiens pour lesquels on doit avoir quelque indulgence, si l'on se rappelle combien d'obstacles ils
ont eu à surmonter pour parvenir à l'état de civilisation où ils sont arrivés. Il faut encore espérer
que l'instruction, en se répandant parmi la population, fera reconnaître ce qu'il y a de réellement
nuisible, de hideux et de dégoûtant dans l'usage
immodéré des liqueurs fortes.

Mais, s'il est permis de reprocher quelques vices à ce peuple, on lui doit aussi la justice de
dire qu'il possède beaucoup de qualités et non
moins de vertus. Hospitalier et généreux, surtout
envers les étrangers, (17) l'Haïtien n'est pas moins
toujours disposé à repousser vigoureusement tous
ceux qui oseraient attenter à l'Indépendance nationale, parce qu'il n'ignore pas qu'elle seule peut lui
garantir la jouissance de la Liberté pour la conquête
de laquelle il a fait tant de sacrifices. Ce sentiment
patriotique n'est pas seulement celui des hommes :
les femmes, les enfans même le partagent.

Une qualité qui est inséparable de la vertu hos-
pitalière et de la générosité, c'est cette disposition
de l'âme à compâtir aux maux d'autrui; c'est ce
sentiment délicat qui nous porte à nous identifier

pour ainsi dire, au sort de nos semblables souf-
frans ou malheureux. Voyez cette Haïtienne qui sou-
lage la faim du mendiant invalide: on croirait qu'elle
ne fait que *l'aumône.* Non : un élan plus vertueux,
plus religieux dirige cette main secourable vers l'infortune : c'est la *charité* qui inspire cette femme
compâtissante et lui fait jouir d'un plaisir que la bonté de son cœur rend encore plus doux. Que de traits
ne pourrait-on pas citer pour prouver cette généreuse pitié des deux sexes et qui ont eu lieu durant les tems orageux de notre révolution, en faveur de ceux-là mêmes qui, dans leur prospérité, abusèrent si étrangement de leur position sociale !

Aux vertus qu'on vient de signaler, il faut ajouter, en faveur des femmes haïtiennes, le sentiment
de l'amour maternel qui les aveugle même quelquefois et les empêche de discerner ce qui est utile
ou nuisible à leurs enfans; et en général, les liens
de famille créent entre les parens un attachement
dont la tendresse est un éloge pour eux. Ces honorables sentimens font regretter que le lien légitime du mariage n'unisse pas davantage l'un et l'autre sexe (18); et bien que l'union naturelle ne compte
pas moins de bons et fidèles époux que parmi ceux
qui le sont légalement, on peut croire que les bonnes mœurs y gagneraient infiniment, puisqu'il en
résulterait plus de fixité pour l'état conjugal et plus

de confiance de la part des femmes qui n'ont que trop souvent reconnu qu'il suffit d'un caprice pour diminuer et détruire même un attachement sur lequel elles croyaient devoir compter pour toute la vie. D'un autre côté, les hommes réfléchiraient davantage sur les conséquences d'une infidélité qui, en divisant la famille, éloigne souvent les enfans du père ou de la mère et contribue puissamment à affaiblir les relations délicates de l'amour paternel et de la piété filiale. Une autre considération aussi morale, quoiqu'elle tienne à l'ordre politique, se rattache à l'union naturelle et à l'observation qui vient d'être faite : c'est la dispersion qui en résulte de la succession du père commun entre un grand nombre d'enfans de mères différentes qui semblent alors rivaliser entre elles pour son anéantissement. Que de successions n'a-t-on pas vues ainsi réduites à rien par un partage prématuré que la jalousie provoquait, pour abandonner ensuite les infortunés enfans sans moyens d'existence, sans éducation, alors même qu'ils en auraient eu un plus grand besoin par la faiblesse de leur âge ! Ce résultat déplorable ne pourrait pas arriver cependant, si les personnes se liaient en légitime mariage ; car, la loi défend de reconnaître pour enfans ceux qu'un époux obtient par des liens différens, étant déjà marié ; et ces infortunés fruits de l'union illégitime, auxquels il ne peut donner son nom, ne

peuvent prétendre au partage de la succession de
leur père , puisqu'ils sont considérés comme *adulté-*
rins, tandis que les enfans d'un même lit sont moins
exposés à voir ruiner une succession que la mère
commune cherche presque toujours à conserver ,
par l'effet de l'amour maternel.

Quoique la population d'Haïti soit composée d'individus qui proviennent de différentes nations , les
observations qu'on vient de présenter sont cependant applicables aux citoyens de tous les départemens. Cela n'empêche pas que certaines habitudes
font naître quelques diversités dans leurs mœurs.
C'est à l'observateur attentif à les saisir, un ouvrage comme celui-ci ne pouvant entrer dans ces détails , ni exposer davantage ce qui tient au caractère moral de ce peuple.

INSTRUCTION PUBLIQUE.

Elle a été l'objet de la sollicitude du gouvernement dès la fondation de la République. Un Lycée,
dont l'établissement date de 1816, a été institué au
Port-au-Prince par A. Pétion et organisé sous l'administration de son successeur qui a proposé au corps
législatif la loi du 4 Juillet 1820. On y enseigne les
langues *latine, française, anglaise* et *espagnole, l'histoire,*
la géographie , les mathématiques , la morale , etc.
Cette institution , fondée sur les vues les plus libérales , a eu successivement d'habiles directeurs.

et de bons professeurs dont les pénibles travaux
ont été couronnés de grands succès : des jeunes
gens, aussi recommandables par les lumières qu'ils
y ont acquises que par leur moralité, font honneur
à la patrie qui n'a compté pour rien les frais qu'oc-
casionne cet utile établissement. Ces succès mêmes
font regretter que l'exiguité des revenus publics ne
permette pas d'en former d'autres dans les chefs-
lieux des autres départemens ; et c'est sans doute
à cette cause qu'il faut attribuer la suppression de
l'Université de Santo-Domingo qui était entretenue
aux frais de l'Etat, et qui procurait à la jeunesse
de cette partie les précieux avantages de l'instruction.

Cependant, une école nationale, fondée sur le
système de Lancaster, y a été établie de même
que dans les villes du Port-au-Prince, des Cayes,
du Cap-Haïtien, de San-Yago, de Jacmel, de Jérémie, de St-Marc, du Port-de-Paix, du Mirebalais
et de St-Jean. La jeunesse y reçoit les premiers
élémens de l'instruction, sous la direction de personnes préposées par le gouvernement, et la surveillance de commissions d'instruction publique qui,
toutes, sont subordonnées à celle de la capitale,
laquelle, étant placée elle-même sous les yeux du
Président d'Haïti, reçoit du Chef de l'Etat l'impul-
sion qu'elle communique aux autres, ainsi qu'à
toutes les institutions particulières établies dans les

différentes communes, pour la propagation des lumières. Partout, l'on s'efforce de procurer ces avantages inappréciables à une jeunesse intéressante qui
est réellement l'espoir de la patrie : partout aussi
la plus grande partie de cette jeunesse (celle des
villes surtout) se montre avide de connaissances.
Cette observation, fondée sur la vérité, fait néanmoins assez pressentir que quelques jeunes gens,
parvenus à l'âge où les passions se développent,
négligent les études sérieuses et utiles, lorsque leur
persévérance seule suffirait pour en vaincre l'aridité, en y employant des momens de loisir qui ne
sont pas toujours consacrés à d'autres travaux que
nécessite la vie sociale. On doit espérer que ce reproche ne sera pas toujours mérité, et que les progrès de la raison, en diminuant ce relâchement,
convaincront aussi que, si les lumières sont utiles
aux hommes, la modération ne leur est pas moins
nécessaire, puisque cette vertu caractérise la sagesse et que sans elle les sentimens les plus généreux peuvent être souvent nuisibles.

La capitale a vu se former aussi dans son sein,
depuis plusieurs années, une Ecole de Chirurgie
dont les élèves ont fait beaucoup de progrès ; et
plusieurs d'entre eux sont devenus officiers de santé
de l'armée : ce qui ne les empêche pas de pratiquer avec succès comme médecins.

PRODUCTIONS, INDUSTRIE.

Il est peu de pays qui offrent autant que cette île des richesses naturelles: les trois règnes en fournissent abondamment.

Tout le monde sait quelle quantité d'or les premiers conquérans du Nouveau Monde exportèrent de ce pays dont la population indigène fut détruite presque uniquement par les travaux pénibles auxquels elle fut condamnée dans les mines; et l'on n'ignore pas non plus que leur exploitation cessa ou fut interdite avec la diminution rapide de ces malheureux et par la découverte des immenses mines du Mexique et du Pérou. Ces métaux précieux étaient plus communs dans la partie de l'Est; et quoiqu'on en ait découvert dans les autres départemens, les succès obtenus de leurs cultures firent défendre l'exploitation d'aucun métal. On ne saurait donc croire que les *mines d'or* d'Haïti aient été épuisées.

Des découvertes constatées donnent la certitude qu'il y existe aussi des mines d'*argent*, de *cuivre*, de *fer*, de *plomb*, de *mercure*, d'*antimoine*, de *sel gemme*. On y a encore trouvé des pierres précieuses, telles que le *diamant*, l'*émeraude*, l'*agathe*, etc. et d'autres productions du règne minéral, telles que le *soufre*, le *cristal*, le *marbre* de toutes couleurs, le *charbon de terre*, le *porphire*, l'*albâtre*, le *jaspe*, le *silex*, les *granits*, le *talc*, le *spath*, etc.

14

Quant au règne animal, ses productions ne sont pas moins variées.

Le *bœuf* sert à la nourriture des habitans, de même que le *porc*, le *mouton* et le *cabrit* : les immenses troupeaux de ce premier quadrupède qu'on élève dans la partie orientale forment une branche d'industrie. Cet animal sert encore à l'exploitation des sucreries, de même que le *cheval* et le *mulet* qu'on emploie pour celle de toutes les denrées, et comme montures. L'*âne* n'est pas moins utile au laborieux cultivateur.

Les *oiseaux* offrent des espèces nombreuses dont beaucoup servent à la nourriture de l'homme, outre ceux qu'il élève dans l'état de domesticité. Il en est de même des *poissons* que fournissent les rivières, les étangs et la mer. Enfin, l'*abeille* lui procure et son miel et sa cire.

Mais, c'est au règne végétal surtout que l'haïtien doit sa principale subsistance et son bien-être; c'est au grand nombre de ses productions qu'il pourrait facilement devoir une éclatante prospérité, si l'industrie agricole était professée comme elle peut l'être. L'histoire naturelle de l'île comprend, dans ce règne, une quantité considérable d'arbres, d'arbustes et de plantes utiles : les premiers, comme bois de construction, d'ameublement ou denrées d'exportation, tels que l'*acajou*, l'*espinille*, le *noyer*, le *cèdre*, le *gayac*, le *brésillet*, le *campêche*, le *chêne-*

roble , le *bois de fer* , l'*immortel* , le *capajos*, l'*ébène* , le *bois marbré* , le *baume vert* , le *tendre-acajou* , la *sabine* , le *pin* , l'*épineux* , *etc.* ou comme arbres fruitiers , tels que l'*abricotier* , l'*oranger* , le *sapotiller* , l'*avocatier* , *etc.* et le majestueux *palmiste* , dont toutes les parties sont utilisées. Des arbustes précieux fournissent aussi des denrées d'exportation , tels que le *cafier* , le *cotonnier* , le *cacaotier* , *etc.* Et parmi les plantes , la médecine s'en approprie une grande quantité , tandis que les autres servent aux différens besoins des habitans et à alimenter le commerce.

Les denrées que produit ce sol fertile et qui sont employées aux consommations intérieures ou à l'exportation , sont le *café* , le *coton* , le *sucre* , le *sirop* , le *rhum* , le *tafia* , le *cacao* , le *miel* , la *cire jaune* , l'*huile de palma-christi* , le *tabac* , l'*amidon* , le *gingembre* , la *banane* , la *patate* , les *pommes de terre* , le *manioc* , l'*igname* , le *tayo* , le *maïs* , le *riz* , le *mil* , les *pois* et *haricots* et autres légumes.

La principale industrie des haïtiens est l'*agriculture :* c'est à cette source première de toutes les richesses sociales qu'ils doivent l'existence du commerce tant intérieur qu'extérieur. Les produits agricoles sont donc les premiers revenus sur lesquels les habitans doivent compter : c'est aussi sur eux que se fondent principalement les revenus de l'Etat.

Après l'agriculture vient l'*industrie manufacturière* qui se borne , pour les haïtiens , à l'exercice de quelques arts et métiers où ils excellent, et à la fabrication ou préparation des principales denrées, telles que le sucre, le café, etc. Dans la plaine de l'Artibonite, on fabrique une toile de coton qui sert principalement aux hamacs : on en fait aussi de moins grossière pour les vêtemens.

Les beaux-arts comptent très-peu d'industrieux qui les professent, malgré l'étonnante facilité qu'ont en général les haïtiens à leur exercice. La musique et la peinture ont quelques artistes d'un talent remarquable.

Enfin, vient l'*industrie commerciale*. La loi distingue le commerce de *consignation*, du commerce *en gros* et du commerce *en détail*. Suivant ses dispositions, le premier genre ne doit être exercé que par les *négocians consignataires*, le second par les *marchands* et le troisième par les *détailleurs* : elle a réglé la quotité des marchandises que peuvent vendre à la fois les premiers aux marchands en gros, aux détailleurs ou aux autres particuliers.

La loi a interdit aux étrangers la faculté d'exercer d'autre commerce que celui de consignation dans les ports ouverts, et que les arts ou métiers, dans ces ports, lorsqu'ils ont obtenu une licence à cet effet du Chef de l'État.

Le commerce intérieur est beaucoup facilité par les communications qu'établissent entre les diverses communes et dans leur territoire même les *chemins publics*

(105)

qui sont la plupart très-bien entretenus par les cor-
vées personnelles des habitans des campagnes et quelquefois de la garde nationale soldée. Il se fait encore
au moyen du *cabotage* que font les marins haïtiens.

Le commerce extérieur se fait au moyen des relations établies entre Haïti et les Etats-Unis, l'Angleterre, la France, les villes anséatiques et les
îles de St-Thomas et de Curaçao.

REVENUS PUBLICS.

Ils consistent dans les différentes impositions que
la loi établit sur l'industrie nationale, les produits
agricoles, les revenus des biens urbains et l'importation des marchandises venues de l'étranger.

L'impôt établi sur les produits agricoles et celui
fixé sur les marchandises importées pour la consommation intérieure, se perçoivent dans les douanes
à l'expédition des bâtimens.

Le fisc a encore une branche de revenus dans
la fabrication des monnaies nationales; et les do-
maines publics, par la vente des immeubles urbains
et ruraux; l'affermage des boucheries et des bacs
établis sur certaines rivières; celui des salines et
des cimetières enclos; le produit des droits curiaux
dans certaines communes, le timbre, l'enregistre-
ment etc. fournissent aussi leur contingent à la re-
cette générale de l'Etat.

DESCRIPTION

Des Villes, Bourgs et Bourgades d'Haïti par ordre alphabétique.

?

———

ABRICOTS. (les) Ce bourg, situé sur la route de Jérémie à Tiburon, tire son nom de la prodigieuse quantité d'abricotiers qu'on trouva dans ce canton, lorsque les établissemens en furent commencés. Moreau de St.-Méry rapporte qu'une opinion religieuse des indiens, naturels de l'île, avait placé dans ce lieu le paradis où les âmes des hommes justes et bons venaient se nourrir du fruit du *mameys* ou abricotier. Mais comme le mancenillier y croît aussi, ces insulaires pensaient que l'âme du méchant se nourrissait de son suc vénéneux. Ainsi, la croyance de l'immortalité de l'âme a été partagée par ces enfans de la nature! Dans toutes les contrées, dans tous les tems, les hommes les plus simples et les moins civilisés ont donc toujours associé cette consolante idée à la croyance d'un Dieu juste et éternel!.... En 1789, le bourg des Abricots ne comptait que 17 maisons et dépendait de la paroisse de Dalmarie : ses établissemens ont augmenté depuis la révolution : son anse sert d'embarcadère pour les denrées qu'on exploite dans l'étendue de cette commune.

ACUL-DU-NORD. (l') Ce bourg servait anciennement d'embarcadère au fond de la baie de l'Acul où il est placé. Ch. Colomb y est entré le 21 Décembre 1492 : ce qui lui fit donner le nom de *Port St-Thomas* : le tems n'a pas respecté cette dénomination. C'est là que débarqua aussi le général Leclerc, en 1802, lors de l'invasion de l'expédition française. On prétend que c'est à l'Acul que se montra la *lèpre* pour la première fois, en 1709. La culture de l'*indigo bâtard* ou *marron* fut commencée pour la première fois , au 18e. siècle , par un habitant-colon de cette commune. L'Acul est à 4 lieues du Cap-Haïtien. L'incendie du 22 Août 1791 commença dans cette commune. L'îlet-à-Rat, dans la baie de l'Acul, est à 19 ° 48 ' 53 '' de lattitude septentrionale et à 74 ° 48 ' 35 '' de longitude occidentale du méridien de Paris.

ALTAMIRA. C'est une petite bourgade située sur la route de San-Yago à Puerto-Plata, dans une vallée : sa population est faible , elle a une église et forme ainsi une paroisse dépendant de l'arrondissement de Puerto-Plata. Il n'y a point de Juge de Paix.

AMINA. Cette bourgade, qui a une chapelle, est située sur la route de San-Yago à Daxabon, et sur la rive droite de la rivière de Amina qui lui a donné son nom, assez près du confluent de celle-ci et du grand Yaque. Elle forme une paroisse dépendant de l'arrondissement de San-Yago. Son établissement date depuis environ 60 ans : des hattes sont établies dans son voisinage.

ANGLAIS. (les) Cette bourgade a été établie dans la petite plaine des *Anglais*, ainsi nommée à cause des fréquentes descentes qu'y faisaient les bâtimens de guerre de cette nation avant la révolution, l'anse qui s'y trouve offrant cet avantage. Elle est située sur le terrein de l'ancienne habitation sucrerie du Gravier et près de la petite rivière des Anglais qui est très-poissonneuse et qui fournit des carpes excellentes. Les Anglais forment un quartier de l'arrondissement des Cayes, sur la route de cette ville à Tiburon.

ANSE-A-VEAU. (l') L'établissement de ce bourg remonte à plus d'un siècle : son nom lui a été donné à cause du *Morne-à-Veau* sur lequel on l'a établi. L'air y est pur et sain. Son église a été bâtie en 1740. Son port, qui offrait jadis un mouillage à des bâtimens assez forts, ne peut plus recevoir que de faibles barques : un banc de madrépores placés à son entrée s'étend chaque jour, tandis que le sable que charie la petite rivière qui s'y jette, la comble à l'intérieur. L'Anse-à-Veau est le chef-lieu de l'arrondissement de Nippes et la résidence de celui qui le commande. Ce bourg correspond au point le plus occidental de la Gonave. Sur la route de l'Anse-à-Veau au Petit-Trou se trouve un petit étang dont l'eau est saumâtre ; et dans cette commune, au canton de l'Acul des Savanes, le sol est chargé de fer et l'on y trouve aussi une pierre qui a du brillant et qui coupe le ver comme le diamant. Le général *Gérin* y a terminé une carrière qui fut long-tems digne de la liberté.

ANSE-D'EYNAUD. (l') Ce bourg est situé à l'anse qui portait le nom d'un colon dont l'habitation était dans son voisinage : il a été substitué à celui de l'Ilet-à-Pierre-Joseph, lors de l'évacuation des anglais, en 1798. Son port ayant été ouvert au commerce étranger, ce bourg a pris beaucoup d'accroissement : c'est le chef-lieu et la résidence du commandant de l'arrondissement de Tiburon. Les rochers, connus sous le nom de Baleines, près de l'Anse-d'Eynaud, sont à 18.° 29' 54'' de lattitude N. et à 76.° 55' 6'' de longitude O.

ANSE-DU-CLERC. (1) Cette petite bourgade a dû son accroissement à l'insurrection de Goman : on en avait fait un poste militaire où les habitans du canton se réunissaient pour opposer en commun une défense aux insurgés dans des block-house. Il y a une anse qui offre un mouillage aux caboteurs. Son territoire forme un quartier de l'arrondissement de Jérémie.

AQUIN. Ch. Colomb mouilla dans le port d'Aquin en 1494 : les naturels du pays appelaient ce lieu *Yaquimo.* Alphonse Ojeda et Améric Vespuce, cet heureux usurpateur, y vinrent aussi le 5 Septembre 1499, après leur fameuse expédition qui enleva à Colomb l'honneur de donner son nom au nouveau monde qu'il avait découvert : ils y retournèrent en 1502 ; mais alors A. Vespuce, brouillé avec Ojeda, l'avait fait mettre aux fers. Les espagnols y bâtirent une ville qu'ils nommèrent *Villa nueva de*

Yaquimo et qui fut surnommée *Port du Brésil* , à cause de la grande quantité de brésillet qu'on y trouvait alors. En 1606 , cette ville était déjà abandonnée par eux. Vers 1660 , les Boucaniers allèrent s'y établir, et leur prononciation en fit Aquin : ils fondèrent alors le bourg d'Aquin, éloigné de la ville actuelle d'environ une lieue et demie ; mais ce premier bourg était situé sur la rive gauche de la rivière d'Aquin : il fut transféré en 1714 à l'endroit connu aujourd'hui sous le nom de *vieux bourg* , parce qu'en 1804 , le gouvernement haïtien en ordonna la translation à la ville actuelle située à l'ancien embarcadère d'Aquin , ainsi que le projet en avait été formé en 1768 : le général Borgella , alors commandant de place , en est en quelque sorte le fondateur. Cette ville avait pris beaucoup d'accroissement par l'ouverture de son port : il fut fermé en 1826 , et le gouvernement vient de le rouvrir pour procurer aux habitans de cet arrondissement les avantages qu'offre partout la communication directe avec le commerce étranger. La commune d'Aquin est réputée pour ses moutons, ses huîtres et ses truffes qui sont les meilleurs du pays. Sur les côtes d'Aquin se trouve un étang appelé *Etang Salé* qui a une lieue de long sur une demi-lieue de largeur moyenne : il communique avec la mer. La commune d'Aquin a vu naître *Julien Raimond* , homme de couleur , qui présenta en France , en 1785 , des mémoires au maréchal de Castries , ministre de la marine et des colonies, pour obtenir l'égalité des droits politiques entre les affranchis de St-Domingue et les blancs. Ce même citoyen faillit devenir la victime de Page et Brulley sous la Convention , et devint ensuite membre de la commission civile dont Sonthonax était le chef en 1796. *Monbrun* , qui devint général en ce pays et en France , y est aussi né. Le dernier combat entre Rigaud et Toussaint eut lieu au vieux bourg. Aquin renferme les restes du général *Francisque*. Le gros rocher appelé le Diamant, dans la baie d'Aquin , est à 18° 13 ' 45 '' de lattitude N. et à 75° 48 ' de longitude occidentale.

15

ARCAHAIE. (l') Ce bourg est situé à 11 lieues du Port-au-Prince , sur la route qui conduit à Saint-Marc , et sur la rive gauche de la petite rivière qui porte son nom. Il était régulièrement bâti ; mais il fut incendié en 1802. Durant la guerre civile de Christophe , il était abandonné ; mais depuis 1820, sa reconstruction a commencé. Le gouvernement a fait réparer l'église : cet édifice est construit en maçonnerie. Quelques autres édifices publics et des maisons particulières ont été aussi reconstruits : un réglement de police défend de construire en paille , ce qui est cause que les maisons de cette nature sont placées sur la ligne qui touche les anciens fossés du bourg , fouillés du tems que les anglais y étaient en possession. La commune de l'Arcahaie tire son nom de la province de *Cayaha* dépendante du royaume de Xaragua. Elle est très-productive en café : sa plaine est d'une fertilité étonnante pour le sucre , dont on fabrique peu en ce moment : le Port-au-Prince est le débouché de ces denrées , et le transport a lieu par mer. Les mines de fer et de cuivre sont abondantes dans les montagnes.

ASILE. (l') Ce quartier est en majeure partie enclavé dans l'arrondissement de Nippes. Anciennement , il y avait un bourg : il n'en est resté que la chapelle où le curé de l'Anse-à-Veau va quelquefois officier : elle est à 4 lieues de ce dernier bourg et à égale distance de l'embouchure de la rivière d'Aquin : elle fut bâtie en 1729. Le quartier de l'Asile est dans un terrein assez plat, puisqu'on y voyage en voiture depuis l'Anse-à-Veau jusqu'à Aquin , en parcourant une route de 10 lieues. Il n'y a point de commandant particulier.

AZUA. Cette ville , située sur la route de Saint-Jean et celle de Neybe à Santo-Domingo , à près de deux lieues du rivage de la baie d'Ocoa, a remplacé l'ancienne ville de *Compostelle* , fondée en 1504 par Diégo Colomb et renversée par le tremblement de terre du 18 Octobre 1751 : ce terrible événement ayant amené la mer jusque dans la ville , elle fut abandonnée et on fonda alors la ville actuelle. Avant la révolution, on y comptait 300 maisons ; mais elles furent incendiées par ordre de Dessalines, à son retour du siège de Santo-Domingo. *Azua* est le nom indien que portait le territoire formant aujourd'hui cette commune, chef-lieu d'un arrondissement. On y fabriquait de très-beau sucre et en grande quantité dans les premiers tems de la découverte : on voit encore les restes d'une sucrerie près de la rivière d'Ocoa et l'aqueduc dont l'eau faisait mouvoir le moulin. De nos jours, de petits établissemens procurent encore du sucre très-beau, et le sirop sert à confectionner un tafia ou rhum très-réputé : les oranges et toutes les autres productions du règne végétal y sont de la meilleure qualité. Azua produit aussi des bêtes-à-cornes, des bois d'acajou, de fustic, de gayac, etc. Il y a des eaux minérales dans les montagnes de Viajama, qui ont paru après le tremblement de terre de 1751, et des mines d'or dans la commune : l'exploitation en a été abandonnée depuis long-tems. *Fernand Cortez*, conquérant du Mexique, fut greffier de la municipalité de l'ancienne ville de Compostelle, avant d'avoir suivi Diégo Velasquez à Cube.

BAINET. Une baie de 1650 toises d'ouverture et de 930 toises de profondeur, sans aucun ressif sur une côte qui en est garnie, a inspiré le nom que porte ce bourg, et dont l'orthographe ne s'accorde pas avec son origine. Les premiers établissemens de cette commune remontent au tems de la Compagnie de Saint-Domingue qui l'avait dans son territoire. Son sol est montueux et entrecoupé par des ravines profondes ; elle produit beaucoup de café, et sa population est très-considérable.

BANI. Ce bourg est placé au milieu de la longueur E. et O. d'une plaine dont la surface quarrée est d'environ 80 lieues, et à 250 toises de la rivière de Bani, sur la route d'Azua à Santo-Domingo. Cette situation est l'une des plus agréables pour la vue et la santé ; car le voisinage de la rivière et l'élévation de cette plaine en rendent l'air fort sain. Des hattes sont établies dans cette commune dont la population est assez considérable : elle fournit aussi le bel *acajou de Nisao*, du gayac, du café, du sucre, des cuirs en poil, et du sel marin que l'on tire des salines d'Ocoa.

BANICA. Ce bourg a été fondé en 1504, par Diégo Vélasquez qui commandait alors la partie Sud de l'île, qui chassa les indiens réfugiés à la montagne de Bahoruco, et qui, après avoir été le conquérant de l'île de Cube, prépara la conquête du Mexique. Ce bourg était sans doute bien peuplé à cette époque : depuis, il a déchu comme tous les établissemens des espagnols dans cette partie de l'île : il est placé sur la rive gauche de l'Artibonite, dans une savane qui est très-jolie. On élève beaucoup de bêtes-à-cornes et autres animaux dans la plaine de Banica ; et depuis quelques années, l'industrie a utilisé les eaux de l'Artibonite pour le transport du bois d'acajou qu'elle retire de cette commune et des communes environnantes. A 2 lieues de Banica, se trouvent 4 sources d'eaux thermales dont les propriétés sont à-peu-près les mêmes que celles des eaux de Capoix, au Port-à-Piment : elles manquent aussi de bons établissemens et un habile médecin pour diriger le traitement des malades qui y vont souvent. L'époque la plus convenable est d'Octobre en Mai, par rapport aux pluies considérables des autres mois.

BARADÈRES. (les) Cette bourgade, située sur la rive droite de la rivière des Baradères, a pris naissance dans les troubles de la révolution pendant lesquels on y avait construit un fort : son accroissement a continué durant l'insurrection de Goman, et malgré les incursions des insurgés. Une baie magnifique offre un abri aux bâtimens contre les vents du Nord qui règnent une grande partie de l'année sur ces côtes : nombre d'îlets rendent encore le mouillage très-sûr. Les pêcheurs y trouvent beaucoup de poissons et de carets dont l'écaille trouve un grand débit dans le commerce : le café de ce quartier, où l'on cultive aussi beaucoup de vivres, n'est pas moins estimé. Les Baradè- res fournissent encore de beaux bois de construction, et on y a trouvé de l'ébène. Le bourg est exposé aux débordemens de la rivière qui a souvent occasionné des inondations. On vient d'y construire une chapelle.

BAYAGUANA est un bourg qui doit son établissement à la destruction des villes de Bayaha et Yaguana, arrivée en 1606 par ordre de la cour d'Espagne : son nom en indique l'étymologie. Il est situé dans une belle position et possède une jolie église achevée depuis peu d'années et bâtie en maçonnerie. Des trou- peaux de bêtes-à-cornes, des cuirs en poil, un peu de café, etc. forment les produits de cette commune qui fait partie de l'arrondissement de Santo-Domingo.

BOMBARDOPOLIS, établie récemment en comparaison des au- tres villes, tire son nom de celui d'un homme qui fut le bien- faiteur du fondateur de cette ville, qui a trouvé ainsi le mo- yen d'éterniser sa reconnaissance. Placée à 3 lieues de la ville du Môle-Saint-Nicolas, elle fut la demeure des allemands amenés en ce pays et dont on voit encore quelques-uns et beaucoup de leurs descendans : elle est située dans une grande plaine très-fraîche, parce qu'elle est fort élevée au-dessus de la mer. L'air y est pur, vif et sain. La plus grande partie de la com- mune de Bombardopolis, que l'on appelle souvent *Bombarde*, est propre aux hattes : les bêtes cavalines qui en proviennent sont fort estimées. La Plate-Forme, qui avait un bourg ancien- nement, est dans ce territoire : son anse sert d'embarcadère aux habitans de Bombardopolis qui peuvent aussi embarquer leurs denrées à la baie de Henne très-fréquentée par les pêcheurs. La Plate-Forme est à 19° 34' 25'' de lattitude N. et à 75° 41' 17'' de longitude O.

BORGNE. (le) Ce bourg qui est le chef-lieu de l'arrondis- sement de ce nom, a pris beaucoup d'accroissement depuis 1820 ;

les édifices publics y ont été restaurés. Il est situé à l'embarcadère de l'ancien bourg qui n'existe plus, sur la rive droite de
la rivière du Borgne qui devient très-dangereuse dans la saison
des pluies. Le territoire de cet arrondissement est presque en
montagnes qui produisent le plus beau café du département du
Nord. On y cultive beaucoup de vivres et de légumes. Sur la
gauche du chemin qui va du vieux bourg au Borgne, à cinq
quarts de lieue de la mer, est une caverne divisée en sept
voûtes ou grottes où l'on a trouvé des ossemens humains, des
fétiches et des fragmens de vaisselle des indiens avec moulures.
Il y a aussi dans cette commune un étang salé. La température
y est fort douce, le thermomètre de Réaumur n'y montant
pas au-dessus de 22° et descendant jusqu'à 12°

BOYA. A deux lieues N. E. de Monte-de-Plata, se trouve
ce bourg fondé pour servir d'asile au cacique *Henri* et à 3 ou
400 indiens échappés comme lui du massacre des espagnols ;
et auxquels Charles-Quint *pardonna* la courageuse détermination
qu'ils prirent de combatire leurs oppresseurs. Dautres indiens
amenés de la Terre-Ferme et échappés des travaux pénibles des
mines furent réunis aux premiers. Pendant long-tems le chef
de ces indiens portait le titre de *Cacique de l'île d'Haïti* et
aucune relation entre eux et les espagnols n'avait confondu les
deux races ; mais dans la suite, l'extinction de ces infortunés a-
borigènes amena ce mélange qui laisse encore apercevoir de
nos jours des traces du sang indien parmi les habitans de
Boya. Ce bourg a une petite église élégamment bâtie en maçonnerie ; il dépend de la commune de Monte-de-Plata.

CAOBAS. (las) Ce bourg dont l'établissement date d'environ
70 ans, n'était d'abord qu'une annexe de Banica, sous le gouvernement espagnol ; c'était un poste militaire placé sur les limites des deux territoires français et espagnol. Durant la révolution,
beaucoup de colons, qui servaient le roi d'Espagne pour rentrer en
possession de leurs biens, s'y réfugièrent ; et peu avant la réunion

des départemens de l'Est à la République, ce bourg dépendait en quelque sorte de l'arrondissement du Mirebalais par le grand nombre de citoyens de l'Ouest qui s'y fixèrent. Ses habitans ayant progressivement augmenté, le gouvernement en a fait une commune où sont tous les fonctionnaires publics que nécessite le service. Son territoire fournit des bêtes-à-cornes, des cuirs en poil, du coton, du sucre, du café, des bois d'acajou que charie l'Artibonite, et beaucoup de vivres.

CAP-HAITIEN. (le) Cette ville qu'on appelait *Paris de Saint-Domingue*, à cause de sa splendeur, a été long-temps désignée par les espagnols sous le nom de *Guarico*; et les français en firent le *C.p-Français*. Lorsque H. Christophe eut imaginé de se couronner roi, il la nomma *Cap-Henry*. Cette dénomination a cessé avec son règne tyrannique, et elle a pris celle qu'elle porte aujourd'hui. Ses premiers habitans furent les Flibustiers qui y vinrent en 1670 de la Tortue. Dans les premiers tems, ils souffrirent beaucoup des incursions que faisaient les espagnols dans cette partie pour détruire leurs établissemens; mais à mesure que la colonie naissante s'affermissait, le Cap prenait aussi de l'accroissement et finit par offrir, avant la révolution, l'aspect d'une ville bien bâtie, devenue le centre du commerce et d'un luxe proportionné, aux richesses de ses habitans. Ses malheurs commencèrent en 1793, par l'incendie qui eut lieu dans l'affaire de Galbaud et de Sonthonax. Incendiée de nouveau, à l'arrivée de l'expédition française, elle ne trouva pas un restaurateur en Christophe qui se plaisait, au contraire, à démolir des maisons entières de *sa bonne ville*. On y comptait autrefois six fontaines publiques, non compris celles des prisons, des casernes, de l'ancien couvent des jésuites et de celui des religieuses. Huit places, bien entretenues, offraient chacune leur agrément et leur utilité. Tous les édifices publics de cette ville étaient supérieurs à ceux des autres lieux du pays : l'église surtout, achevée en 1774, est encore remarquable par l'élégance de son frontispice d'une architecture pleine de goût. Aujourd'hui, le Cap-Haïtien commence à sortir de ses ruines : des édifices publics et beaucoup de maisons particulières ont été reconstruits ou réparés : mais là, comme partout ailleurs où la révolution a occasionné des ravages, le tems seul amènera une restauration qui nécessite préalablement de l'aisance parmi les citoyens. Cette ville a la figure d'un carré long, 1200 toises dans sa plus grande longueur et 600 toises de largeur. Ses rues sont payées et tirées au cordeau et se coupent à angles droits du Nord au Sud, et de l'Est à l'Ouest : elles ont, en général, 24 pieds de largeur : la rue espagnole est la plus large et la plus longue : il y en a 56 qui forment 260 îlets ou carrés, presque tous de 4 emplacemens chacun. La plus grande partie des maisons ont été bâties en maçonnerie. Le port du Cap-Haïtien peut contenir une grande flotte : on y a vu jusqu'à 600 bâtimens de toutes dimensions ; mais l'entrée de cette rade est difficile : le secours du pilote doit être toujours accepté. Un chantier de marine établi en ce lieu a déjà fourni plusieurs bâtimens à l'état, parmi lesquels un beau brick. La température du Cap-Haïtien est chaude : néanmoins le thermomètre de Réaumur descend quelquefois, durant l'hiver, à 16° : le terme opposé est 28° Ses environs offrent des promenades fort agréables : tout près de la ville est le morne du Haut-du-Cap où est une petite bourgade : c'est là qu'A. Pétion était campé, lorsqu'il abandonna les français avec son régiment pour commencer la guerre de l'Indépendance. Lors de la prise de cette ville par Dessalines, les troupes indigènes étonnèrent leurs ennemis par l'intrépidité qu'elles y montrèrent et qui amena la capitulation de Rochambeau. Le Cap-Haïtien a été d'ailleurs le théâtre de grands événemens durant la révolution. *V. Ogé*, *J.-B. Chavannes* et leurs infortunés compagnons, et avant eux *Lacombe*, y périrent martyrs de la plus sainte cause ; mais là aussi, Sonthonax proclama le triomphe de la philantropie sur l'orgueil et la cupidité, le 29 Août 1793. Le respectable général *E. Magny* naquit en cette ville : il y mourut à

la fin de 1827 , après avoir sagement commandé cet arrondissement pendant sept années. Les productions du département du
Nord y trouvent un débouché par le commerce étranger auquel
le port du Cap-Haïtien est ouvert. Il est à 19° 46 ' 24 '' de
lattitude N. et à 74.° 38 ' 25 '' de longitude O.

CAVAILLON. L'établissement de ce bourg remonte à plus d'un
siècle. Son érection en paroisse date de 1720 : il a une jolie
église bâtie de maçonnerie, sur le côté Nord du chemin qui conduit de St.-Louis aux Cayes. La belle rivière qui porte le nom
de ce bourg passe à l'Ouest : elle a en cet endroit environ 40
pieds de largeur : elle prend sa source dans les montagnes de
la Hotte et est très-dangereuse dans la saison des pluies. Ses
eaux servent à fertiliser quelques sucreries placées dans la petite plaine de Cavaillon où la charrue a obtenu d'heureux succès depuis quelques années. Les montagnes de cette commune
produisent beaucoup de café très-estimé. Son embarcadère où
s'expédient les denrées est situé sur la rive droite de la rivière,
à une lieue de son embouchure ; et la baie des Flamands qui
est sur ses côtes offre un asile sûr aux bâtimens de commerce
qui y vont hiverner. Le bas de la rivière a beaucoup de caïmans : elle charie des morceaux de mine de fer. A l'Est du
bourg est un gros morne appelé le *morne bleu* qui a plusieurs
cavernes où l'on a trouvé des fétiches et d'autres preuves de
l'habitation des indiens.

CAYES. (les) L'établissement de cette ville, chef-lieu du département du Sud, date depuis un siècle : placée tout près de
la plaine du Fond, elle a été toujours croissante et surtout depuis l'année 1812. Quoique de grands événemens s'y sont passés
durant la révolution , elle n'avait jamais éprouvé ces grands désastres auxquels furent en proie le Cap-Haïtien et le Port-au-
Prince : cependant des ouragans plus ou moins violens et les
inondations des rivières de l'Ilet et de la Ravine-du-Sud y ont
fait naître quelquefois des craintes sérieuses. Mais le plus terri-

16

ble fléau qu'elle ait encore éprouvé est l'ouragan qui a eu lieu
dans la nuit du 12 au 13 Août 1831 : aux efforts violens du
vent qui a brisé et renversé les édifices publics et particuliers,
s'est jointe une inondation de toute la ville par les eaux de la
mer élevées à plus de cinq pieds en certains endroits ; plusieurs
centaines de personnes ont été victimes de cet événement désastreux dont les ravages se sont étendus dans la plaine : les bâtimens qui ne trouvent point d'abri dans le port des Cayes et
qui vont pendant l'hivernage dans les baies du Mesle et des Flamands, n'y ont eu aucune sûreté cette fois. L'entrée des Cayes
par terre est magnifique : une chaussée, longue d'environ 800
toises, bordée de fossés qui servent à l'égoût des eaux très-
abondantes dans les environs de la ville, conduit du lieu appelé *les quatre chemins*, (carrefour où se rencontrent quatre grandes
routes) au pont placé à son entrée. Les terreins des deux côtés
de la chaussée sont élégamment bâtis, et de superbes jardins
embellissent les maisons qui offrent ainsi, à proximité de la
ville, les agrémens d'un séjour champêtre. Avant l'ouragan, les
édifices publics avaient tous été restaurés et de nouvelles fortifications construites pour défendre le port : divers ponts ont été
élevés sur la *Ravine-du-Sud*, qui passe au Sud-Ouest de la ville,
pour faciliter ses communications avec le faubourg *Reynaud*. La
fontaine construite sur la place du marché a été achevée depuis
quelques années : d'autres moins grandes donnent de l'eau à
l'hôpital, à l'arsenal et aux bâtimens de la rade. Toutes ces améliorations furent dues aux soins du général *Marion*, commandant
de l'arrondissement, décédé aux Cayes le 20 Novembre 1831
et enterré à l'église. L'air de cette ville est assez mal sain, à
cause des eaux qui l'environnent de toutes parts et qu'on trouve
à peu de profondeur. Il y a dans la plaine à Jacob, voisine
des Cayes, une mine de fer. La plaine du Fond paraît être le
lieu où a existé la ville espagnole *Salva Tierra de la Zabana*,
fondée en 1503 par Ovando et abandonnée en 1606. Des poteries

y sont établies et fournissent des vases qui contiennent l'eau très-fraîche. On y fabrique du sucre , du sirop et beaucoup de rhum ou tafia : le café , les vivres du pays et autres denrées sont aussi des productions de cet arrondissement. La ville des Cayes renferme les restes de plusieurs citoyens qui se sont rendus célèbres ; tels que *Auger* , *Geffrard* , *Wagnac* et *André Rigaud* : ce dernier a été enterré à l'église , et les autres sur la place d'armes. En 1815 , ses habitans exercèrent une généreuse hospitalité envers les Colombiens qui avaient fui leur patrie , ayant parmi eux le célèbre Bolivar qui prépara aux Cayes , sous la protection de Pétion , l'expédition dont le succès amena la ruine de la puissance espagnole dans l'Amérique méridionale. La ville est à 18° 11 ' 10 '' de lattitude N. , et à 76° 10 ' 30 '' de longitude O.

CAYES de JACMEL. (les) Ce bourg est déjà très-ancien , puisqu'en 1714 il formait un établissement assez considérable pour exiger l'érection de la paroisse des Cayes de Jacmel : mais son importance a cédé à celle acquise par Marigot devenue une commune , tandis que le bourg des Cayes de Jacmel est resté une paroisse. Ce nom de *Cayes* lui a été donné à cause des ressifs qui sont ainsi dénommés , et qu'on trouve sur la côte voisine. C'est la même origine que le nom de la ville des Cayes , dans le Sud. Il y a une église. Ce bourg est à environ 4 lieues de la ville de Jacmel. On a trouvé dans son territoire quelques vestiges des établissemens des indiens qui ont fait présumer qu'une population nombreuse habitait ce canton : des traces de deux mines indiquent qu'elles ont été exploitées par les espaguols : le minerai de fer et de cuivre y abonde , et le spath et le quartz se montrent à la superficie de la terre. Avant la révolution on cultivait du coton et de l'indigo dans ce quartier où l'on fait plus de café de nos jours.

CHARDONNIÈRES. (les) Cette bourgade , située sur la route des Côteaux à Tiburon , porte le nom donné à son anse , qui sert d'embarcadère aux habitations voisines , à cause des *Oursins* appelés *Chardons*, que l'on trouve sur sa côte. Il n'y a que peu de maisons , et de frêles barques peuvent seules y mouiller. Le Tapion des Chardonnières est à 18° 16 ' 10 '' de lattitude N. et à 76° 35 ' 10 '' de longitude O.

CORAIL. (le) Ce bourg porte le nom du terrein voisin qui n'était d'abord qu'un *corail*. (lieu destiné à élever des pourceaux) Avant la révolution , il devint l'embarcadère d'une sucrérie qui avait remplacé le corail : depuis , il est devenu un bourg , érigé en commune , qui servait de refuge aux habitans que les troubles politiques ne permettaient pas de rester sur leurs biens. Naguères encore , l'insurrection de la Grande-Anse forçait les citoyens de ce canton à s'y réunir pour repousser les révoltés qui réussirent néanmoins plusieurs fois à s'en emparer. Le canton des Caïmites et celui de Plymouth , si productif autrefois en café et où il était admis que venaient les plus beaux cafiers du pays , produisant jusqu'à 5 livres de cette graine , sont situés dans cette commune : le tems ramènera lentement la production de la même quantité de cette excellente denrée , parce que la révolte de Goman a décimé la population de cette partie de la République. Le port de Corail , garanti par de nombreux îlets , sert de carénage aux bâtimens de Jérémie qui s'y réfugient pendant les vents du Nord.

COTEAUX. (les) La dénomination de ce bourg , situé sur la route des Cayes à Tiburon , est due à ce qu'il est , en quelque sorte , composé de côteaux qui , par une dégradation successive , viennent depuis la Hotte jusqu'à la mer : c'était un point d'embarquement pour les denrées des habitans qui y entretenaient la contrebande avec les étrangers. Ce bourg est assez joli , et possède une église. De forts bâtimens peuvent mouiller dans son petit port. La côte en est poissonneuse et la rivière des Côteaux fournit de beaux mulets.

COTES-DE-FER. (les) C'est une bourgade située sur la route de Bainet à Aquin , près de la rivière de ce nom donné à cause des roches qui garnissent ces côtes : cette rivière sert de limite entre les départemens de l'Ouest et du Sud.

COTUY. (le) Cette ville a été fondée en 1505 par ordre d'Ovando : alors elle s'appelait *Las Minas* ; à cause des mines d'or et d'autres métaux qui se trouvent dans son territoire. En 1520, on cessa de les exploiter ; et en 1747, on en fouilla une de cuivre, fort abondante. Dans le voisinage de cette dernière sont deux mines d'aiman : elles sont, comme la précédente, dans la montagne de Maymon. Celle de l'Emeraude est ainsi appelée parce qu'elle recèle cette pierre précieuse. Dans la chaîne de Sévico et dans son voisinage, il y a du fer pur, de la meilleure qualité. La ville du Cotuy n'est pas très-considérable : elle est à 30 lieues de Santo-Domingo, à 12 lieues de la Véga et à égale distance du fond de la baie de Samana, et enfin à une demi-lieue de la rivière de Yuna dont les eaux sont grossies par le Camu et une infinité d'autres qui jettent dans la baie de Samana le plus grand volume d'eau que charient dans la mer les rivières d'Haïti. Cette position est une des plus avantageuses, par la facilité qu'il y aurait de rendre la Yuna navigable : par-là, on transporterait aisément les productions de toute cette plaine appelée la Véga-Réal. En ce moment, les habitans de la commune du Cotuy cultivent le tabac dont la qualité est fort estimée : ils élèvent des bestiaux et particulièrement des pourceaux. Les bananiers y sont très-beaux : le cacaoyer y vient très-bien aussi. En sortant du Cotuy pour aller à la Véga, on traverse la Yuna en canots, faits en cuir de bœuf, que dirigent et soutiennent des guides habitués à ce genre de passage, malgré le danger que le caïman fait alors courir. Le Cotuy a dans son territoire le hameau d'Angolina, sur la route de la Véga.

CROIX-DES-BOUQUETS. (la) Ce bourg, placé à-peu-près au centre de la plaine du Cul-de-Sac, a été établi en 1750, après qu'on eût décidé la translation de celui qui était établi sur la rive gauche de la grande rivière, près de l'habitation Damiens, au lieu que l'on appelle encore *le vieux bourg*. La Croix-des-Bouquets avait une belle église très-bien bâtie ; mais elle fut incendiée durant la révolution. Elle devint le lieu principal de la réunion des hommes de couleur qui, sous la conduite de Pinchinat, de Beauvais, de Lambert, etc. prirent les armes pour conquérir les droits que l'orgueil colonial leur disputa si long-tems. On y a établi de nos jours un dépôt de matériel d'artillerie et autres objets de guerre. Dans la commune de la Croix-des-Bouquets se trouvent des sources d'eaux thermales, connues sous le nom de *sources puantes*, qui ont quelquefois guéri des maladies jugées incurables : elles sont sur la route de ce bourg et du Port-au-Prince à l'Arcahaie.

DALMARIE, nom indien que par corruption on avait changé en celui de *Dame Marie*, est un bourg dont l'établissement remonte à l'année 1776, et qui, avant cette époque, n'était qu'un simple embarcadère pour les habitans qui avaient obtenu des concessions dans ce quartier dès 1737. Avant la révolution, on s'était proposé d'y former une ville considérable dont les fortifications projetées eussent pu interdire l'accès de son port et de sa baie aux flottes anglaises qui, très-souvent, y prenaient mouillage. Le site de ce bourg eût facilité ce projet, étant plat et très-sain. Les eaux thermales du bras gauche de la grande rivière de Jérémie sont dans la commune de Dalmarie et procurent beaucoup de soulagement à l'humanité souffrante : elles sont assez voisines de la curieuse montagne des *Mamelles* dont le sommet est garni d'une chaîne de roches-à-ravets très-énormes et qui présentent de loin l'aspect des mamelles d'une vache. Le canton de Dalmarie produit du café, du cacao et autres denrées d'exportation et de consommation intérieure.

DAXAVON, que l'on appelle à tort *Dajabon*, *Dahabon* ou *Laxavon*, est une bourgade placée sur la rive droite de la rivière du Massacre dont le nom indien est *Guatapana* : elle a dû son établissement, vers le milieu du 18e siècle, aux inquié-

‍tées que causaient les français aux espagnols avant qu'ils n'eussent réglé les limites entre les deux colonies ; c'était un poste
avancé , placé à une demi-lieue de Ouanaminthe , et qui servait en
même-tems à surveiller la contrebande si redoutée du gouvernement espagnol. On élève des bestiaux dans ce canton.

DONDON, (le) Le sol où est établi ce bourg est élevé d'environ 250 toises au-dessus du niveau de la mer : toute l'étendue
de cette commune est en montagnes entrecoupées et séparées par
des vallées. Elles recèlent l'or , l'argent , le cuivre , le fer ,
l'antimoine , le marbre , le porphire , l'albâtre , le jaspe , l'agathe , le silex , les grès , les granits , le talc , le spath , la terre
glaise , des pétrifications et des cristallisations de tous les genres
et une multitude de fossiles. Les productions des deux autres
règnes n'y sont pas moins variées. C'est là que l'on a fait la
première *culture* des *cafiers* venus de la Martinique , provenant
des graines plantées au Terrier-Rouge. L'air y est généralement sain
et tempéré. A une demi-lieue dans l'O. S. O. du bourg , sur la rive
méridionale de la rivière du Dondon , dans une vallée étroite
et solitaire , on trouve la célèbre voûte appelée la *Voûte-à-Minguet* , du nom du premier colon français de cette commune. C'est
là que , suivant Moreau de St.-Méry , " chaque année les Caciques
" des divers lieux venaient , à la tête de leurs sujets , renouveler
" leurs hommages aux dieux de la patrie. L'opinion des insu
" laires était que le soleil et la lune avaient percé la voûte
" pour aller éclairer le monde ; et les premiers hommes ayant
" osé imiter leur exemple , ils avaient été métamorphosés par
" le soleil, en grenouilles , en lézards , en oiseaux , etc. et les
" gardiens de la caverne en pierres. " A l'entrée de cette caverne
sont deux masses informes , comme deux gardiens ou génies titulaires. Le jésuite *Le Pers* qui a fourni à Charlevoix les principaux matériaux de son histoire de Saint-Domingue , est mort au
Dondon ; et lors de la révolution , cette cure était desservie par
le fameux abbé de la Haye que l'on accuse d'avoir été le pro

moteur ou le directeur de l'insurrection des esclaves , dans le Nord. Le Dondon a vu naître l'infortuné *V. Ogé* qui périt martyr de la Liberté et de l'Egalité : le brave *Clervaux* y est mort en 1804.

ENNERY. Ce nom fut donné en 1776 à un canton de la paroisse de la Marmelade , lors du traité des limites entre les français et les espagnols , sous le gouvernement du comte d'Ennery. On y a bâti depuis un bourg auquel la flatterie des colons avait substitué le nom de *Louverture* , surnom de Toussaint , parce que ce général y possédait des immeubles. Ce bourg et son territoire dépendent de l'arrondissement des Gonaïves.

FORT-LIBERTÉ. (le) Les établissemens de cette commune ont commencé vers 1701. Les espagnols, qui avaient construit un fort à l'entrée de la baie , appelaient la ville qu'ils fondèrent et qui fut abandonnée en 1606, *Bahiaha* , nom formé du mot *bahia* (baie) et de l'interjection *ha* pour exprimer l'admiration qu'excite cette magnifique baie. Lorsque les français eurent établi la ville actuelle , en 1725 , ils la nommèrent également *Bahiaha.* Ce fut en 1731 que le nom de *Fort-Dauphin* lui fut donné ; et celui de *Fort-Liberté* lui a été substitué dès l'époque de la fondation de la république française. Destinée à changer de nom , cette ville fut appelée *Fort-Royal* par Christophe durant son règne éphémère ; c'est là qu'il se fit nommer roi : elle a dû reprendre enfin celui qu'elle porte maintenant et qui est plus en harmonie avec nos mœurs républicaines. Sa température n'est pas saine : sa baie a 2 lieues de l'E. à l'O. Sur une forte demi-lieue du N. au S.: elle pourrait contenir de nombreuses flottes qui y trouveraient un abri contre tous les vents : son entrée n'est que de 390 toises dans l'espace le plus étroit : plusieurs fortifications en défendent l'approche. La ville contient 19 rues formant 75 carrés ou îlets et 390 emplacemens : ses rues ne sont point pavées : elle était la seconde du Nord par son importance avant la révolution. Cette commune a des mines d'or et de cuivre.

Le 7 Juillet 1794 , les espagnols y commirent un affreux massacre sur les français , après s'en être emparés. Le Fort-Liberté est à 19° 42' 30'' de lattitude N. et à 74° de longitude O.

GONAIVES. (les) Erigée en paroisse en 1738 , cette ville dont le nom est indien n'était qu'un bourg avant la révolution , malgré sa longue existence à cette époque : elle a pris de l'accroissement depuis , et surtout par l'ouverture de son port au commerce étranger qui y trouve un grand débouché et en exporte beaucoup de denrées des communes environnantes dont le café est fort estimé , ainsi que celui des Gonaïves et le coton qui en provient. Jadis on cultivait de l'indigo dans la plaine. La baie et le port des Gonaïves offrent de bons mouillages aux plus gros vaisseaux. C'est dans ce port que les français embarquèrent le général Toussaint Louverture sur le vaisseau le *Héros* pour être conduit en France où il mourut : mais c'est aussi là que fut solennellement proclamé l'acte souverain de l'indépendance du peuple haïtien par les héros qui venaient de faire cette précieuse conquête. Dans la guerre civile allumée par Christophe , la valeur de Lamarre se montra par une heureuse tentative contre les Gonaïves qu'il enleva à l'ennemi presque sans coup-férir. Le morne Lapierre , près des Gonaïves , est à 19° 25' 35'' de lattitude N. et à 75° 10' 36'' de longitude O.

GRANDS-BOIS. (les) Ce quartier est le plus important des cantons montagneux de la Croix-des-Bouquets et le plus productif en café qui y est d'une excellente qualité. Son nom lui vient des beaux bois de haute futaie qu'on trouva dans son étendue de plus de 3 lieues , jusqu'aux anciennes limites qui formaient naguères encore deux territoires distincts en Haïti. Sa population est assez considérable : la fertilité du sol y attire les habitans. On y a construit récemment une chapelle.

GRAND-GOAVE. (le) Les espagnols y avaient établi une bourgade qu'ils appelaient *Aguava* et qui fut brûlée en 1592 : les français la rétablirent presqu'en même-tems que Léogane et

lui donnèrent ce nom qui est sans doute la corruption du précédent. Cette commune produit beaucoup de café : l'air en est
sain , et la température sèche. C'est là que commença la fatale
guerre civile entre Toussaint et Rigaud. L'assemblée de révision s'y réunit en 1816 pour réviser la Constitution de la République.

GRANDE-RIVIÈRE. (la) Ce bourg érigé en paroisse sous le
nom de *Sainte Rose*, a perdu cette dénomination depuis long-
tems pour conserver celle sous laquelle il est désigné comme
chef-lieu d'un arrondissement du département du Nord : il éprouve
souvent les effets des débordemens de cette grande rivière que
les indiens appelaient *Guaraouai*. La température de cette commune est très-favorable à la santé ; car elle est réputée pour
être le lieu de ce pays qui a montré le plus de centenaires.
Dans les montagnes, le thermomètre descend quelquefois jusqu'à 9° au-dessus de zéro. On a toujours vanté les produits
abondans de cette commune en vivres de toutes espèces. Dans
les premiers tems de la révolution, V. Ogé, J.-B. Chavannes,
(qui y naquit) et environ 300 autres haïtiens y combattirent
les tyrans coloniaux ; et là se trouvait aussi le fort de la *Sourde*
à l'attaque duquel périt, en 1809, le brave *David-Troy*, colonel du 22e régiment d'infanterie et sénateur de la République.
Les premières *abeilles* venues de la partie de l'Est y furent
naturalisées ; elles provenaient de la Havane.

GROS-MORNE (le) Ce bourg, situé sur la route des Gonaïves au Port-de-Paix, tire son nom d'une montagne qui est
d'une grande hauteur et qui en est éloigné d'environ 2 lieues
dans le Sud-Est : son sommet est plat et arrosé par plusieurs
sources. L'air du Gros-Morne est très-sain. La rivière qui y
passe, a 22 lieues de cours et se décharge à la mer en passant au Port-de-Paix.

HIGUEY est un bourg situé dans le département du Sud-Est,
assez près de la rivière de *Yuma* qui a son embouchure dans

la baie de Higuey et qui forme ainsi un embarcadère pour les denrées de cette commune. Ce bourg est fort renommé à cause de la Vierge de *Alta-Gracia* à laquelle la superstition attribue des miracles étonnans. Cette Vierge, placée dans l'église de Higuey qui est bâtie en maçonnerie, est un petit tableau peint à l'huile : le cadre en est d'or massif, il a un pied de longueur sur environ 10 pouces de largeur : des pierres précieuses le garnissent sur ses quatre faces. La couronne qui orne la tête de la Vierge est aussi en or et garnie des pierres les plus fines et de toutes espèces. La superstition veut que cette Vierge, ouvrage de l'homme, fut découverte sous un oranger ; et qu'ayant été transportée à Santo-Domingo, elle s'en retourna à Higuey sous le même oranger, pendant une nuit : ce qui contraignit à en faire une copie que l'on voit dans une chapelle de la cathédrale de Santo-Domingo. Elle attribue à cette Vierge la guérison d'une infinité de maux résultant de maladies chroniques qui, quelquefois, ont été réellement guéries par une forte transpiration obtenue à l'aide d'un exercice considérable que font la plupart des pèlerins qui, partant de tous les points de l'île, font cette route de plus de cent lieues à pied. Selon elle encore, la Vierge ne se borne pas à guérir les maux de l'humanité souffrante, mais elle accorde aussi des grâces à qui sait l'implorer avec ferveur et remplir le vœu qu'une déplorable crédulité porte à faire dans des circonstances de douleurs, ou pour obtenir la fixité d'un tendre sentiment que l'on craint de voir se diriger sur un autre objet. Aussi, y a-t-il plus de *pèlerines* que de pèlerins parmi les visiteurs de Higuey ; et mesurant la bonté de la divinité sur les faiblesses de l'humanité, ils n'y vont jamais sans apporter de riches offrandes qui sont remises au prêtre desservant de l'église, *dépositaire désintéressé* de tous les dons faits à la Vierge et *interprète* des vœux qu'on lui adresse et des grâces qu'elle accorde, toujours en *promesses*. Pour être admis à l'église, lorsqu'on vient y faire un vœu, il faut faire chanter une messe que l'on paie, dit-on, douze gourdes au moins : pour obtenir la faveur de l'adoration de la Vierge, une autre messe qu'il faut encore payer. Il arrive souvent que la Vierge est fâchée contre ses adorateurs : alors elle devient invisible pour les paroissiens, ou parait avec un visage colère, d'autres fois larmoyant si elle a des peines ; et ce changement de figures qui en impose aux pauvres crédules, s'obtient peut-être à l'aide des différens jeux de tableaux placés à l'église ..... Les productions de cette commune dont le terroir est d'une grande fertilité sont du café, du sucre, du coton, du bois d'acajou, des bêtes-à-cornes et leurs cuirs en poil, etc. Higuey était le siège de la cour du cacique *Cayacoa* qui commandait ce royaume.

HINCHE. C'est un des établissemens les plus anciens de la partie de l'Est ; en 1504, il était déjà considérable. Ce bourg était ensuite devenu une ville, puisqu'on y comptait 500 maisons : en 1720, elle n'en avait que 120. Aujourd'hui ce n'est plus qu'un bourg dont la population a cependant beaucoup augmenté depuis 1822, par l'établissement de hattes fondées sur son territoire par des citoyens des départemens de l'Ouest, de l'Artibonite et du Nord. La vallée de Gohave où il est situé est très-favorable à l'élève des bestiaux : les nombreuses rivières qui l'arrosent, et surtout le Guayamuco sur le bord duquel Hinche est placé, rendent ce territoire très-fertile. Ses bois d'acajoux fournissent aussi un aliment à une industrie créée depuis peu d'années, à l'imitation de celle qui fonde le principal revenu du département du Sud-Est. C'est à Hinche que furent arrêtés, le 20 Novembre 1790, l'infortuné *V. Ogé* et 23 autres de ses braves compagnons après l'insuccès de leur glorieuse levée de bouclier : delà, ils furent transférés à Santo-Domingo.

IROIS. (les) Ce lieu n'était jadis qu'un embarcadère où les habitans chargeaient leurs denrées : c'est ce qui a donné naissance à la bourgade qui porte ce nom par lequel on distinguait anciennement dans les Antilles les Irlandais que le fanatisme religieux

contraignit à s'expatrier. Les Irois sont un quartier de l'arrondissement de Tiburon : il y a dans son territoire des sources d'eaux
thermales, sur les bords de la grande rivière de Jérémie. Les
anglais avaient fortifié ce lieu où la valeur du général Rigaud
s'est montrée dans la guerre qu'il leur fit. La Pointe des Irois
est à 18° 22' 25" de lattitude N. et à 76° 55' 52" de longitude O.

JACMEL. Cette ville qui a eu des accroissemens considérables
depuis la république, n'était d'abord qu'un très-petit bourg en
1698, lorsque la Compagnie de Saint-Domingue fut créée et l'obtint dans le territoire qui formait sa juridiction : elle y fit con-
truire des magasins. En 1789, elle n'avait que 160 maisons tant
dans la basse que dans la haute ville. Aujourd'hui elle en compte
très-belles bâties à étages et notamment dans la basse ville. Ces
progrès rapides sont dûs au commerce qu'a entretenu Jacmel avec
l'étranger qui y a trouvé une grande consommation de ses marchandises par la nombreuse population de cet arrondissment, et
beaucoup de denrées d'exportation. Tandis que dans la basse
ville on respire un air chaud et étouffé, dans la haute l'air est
pur et la température douce : on l'appelle *belair* pour cette raison et parce qu'on y jouit aussi d'une vue très-agréable sur la
mer et la campagne. Les rues de cette ville sont étroites et ont
le désagrément de l'inégalité de son sol. A l'Ouest, est la grande
rivière qui a son embouchure dans la baie de Jacmel : elle procure de l'eau aux habitans de la ville qui n'a point de fontaine.
La baie est exposée aux vents du Sud qui y occasionnent souvent
la perte des navires qu'ils y surprennent et qui, ordinairement,
la fréquentent peu pendant l'hivernage : la mer vient toujours
se briser avec force contre le rivage : la baie a 1870 toises
d'ouverture et 1500 de profondeur. La position géographique de
cette ville et sa baie lui donnent une grande importance sous
le rapport politique : les fortifications qui dominent la rade en
défendent facilement l'entrée, et du côté de la terre, le site
montueux du belair complette par lui-même et avec peu de mo-

yens la défense militaire de Jacmel. Ses côtes-de-fer et les vents qui y règnent empêcheront toujours un blocus parfait de ce port, tandis que le Port-au-Prince et les autres villes du golfe de l'Ouest peuvent facilement en subir l'effet. Les communications de Jacmel avec la capitale ont lieu par plusieurs routes qui permettent, même aux fantassins, de s'y rendre dans la même journée. Pendant la guerre civile entre Toussaint et Rigaud, Jacmel a soutenu un siège fameux dans nos annales ; sa défense et l'évacuation qui eut lieu à travers les forces considérables qui entouraient la place, font honneur aux talens militaires et au courage héroïque d'A. Pétion qui y commandait. Lors de la conspiration de Magloire, David-Troy y fit preuve d'une bravoure exemplaire en présence et contre quelques militaires de son régiment. Le général *Lamotte Aigron* y est mort, commandant de l'arrondissement ; il a été inhumé dans le fort qui porte son nom. Jacmel a un palais national, un hôpital militaire, etc. Non loin de la ville, un superbe *moulin à vapeurs* a été établi, pour la première fois dans l'île, et sert à l'exploitation d'une sucrerie dont les produits ne correspondent plus à l'utilité de cette machine.

JACQUEZY est un des quartiers de l'arrondissement du Trou. C'est une bourgade établie à l'embarcadère où l'on transporte les denrées de cet arrondissement, et qui se trouve entre la baie du Fort-Liberté et celle de Caracol.

JEAN-RABEL. Ce bourg a dû son existence à son église qui était bâtie en ce lieu avant 1743 que ses habitans obtinrent la permission de l'établir. Il est situé à une forte lieue de son embarcadère situé lui-même à l'embouchure de la rivière de Jean-Rabel qui se jette à la mer dans l'anse du même nom. Autrefois, cette commune produisait un indigo d'une qualité supérieure : ce qui démontre que son sol est très-propice à cette utile plante. Les salines naturelles du grand et du petit Port-à-l'Écu produisent au printems du sel très-blanc et d'une cristallisation régulière : on y élève des bestiaux. Le sol de ces cantons offre toutes les espèces de raquettes ou *opuntia*, du gayac, de l'ébène, du gri-gri et d'autres bois de construction. On y trouve aussi des sources d'eaux minérales ferrugineuses et salées : l'amertume de ces dernières annonce l'existence de mines de sel gemme. C'est dans le port de Jean-Rabel que le brave *Derenoncourt* fit sauter le garde-côtes la *Constitution* qu'il commandait en 1807 , pour ne pas être pris par un bric de guerre de Christophe qui vint l'y attaquer. La pointe de Jean-Rabel est à 19° 55' 10" de lattitude N. et à 75° 39' 52" de longitude O.

. JÉRÉMIE. Le premier établissement de cette ville était entre la rivière de la Voldrogue et la Grande Rivière de Jérémie : on nomme encore ce lieu le *vieux bourg*. La ville actuelle fut tracée en 1756 : c'était auparavant le *Trou-Jérémie*, du nom d'un pêcheur qui l'habitait. Elle est située à la chûte d'une montagne, dans une position agréable par son élévation. L'air y est pur et sain, et la température très-douce. Jérémie est divisée en haute et basse ville : la première a la forme d'un carré long, et la basse ville suit la forme de l'anse où se trouve le port. Ce port n'offre aucun abri contre les vents du Nord qui règnent une grande partie de l'année sur les côtes de la Grande-Anse ; et de fréquens raz-de-marée viennent ajouter aux dangers que courent les bâtimens. Aussi ce port n'est-il fréquenté que par le commerce des Etats-Unis, les bâtimens de cette nation séjournant fort peu de tems pour vendre leurs cargaisons et se charger de denrées, principalement du café dont le cabotage emporte une grande partie au Port-au-Prince où le prix est presque toujours préférable à celui de Jérémie. La Grande-Rivière, qui a son embouchure à 900 toises de la ville, est l'une des plus considérables du pays : elle a environ 25 lieues de cours, à partir des montagnes de la Cahouane, qui font partie de la chaîne de la Hotte, où elle prend sa source : une infinité de ruisseaux et d'autres rivières grossissent ses eaux. Aussi, rien n'est plus agréable que la vue pittoresque du canton de la Grande-

Rivière, prise soit de l'habitation Breteuil ou du fort Marfranc. Les grottes, les cavernes, les entonnoirs, les masses montueuses que l'on trouve dans cet arrondissement : tout annonce que de grands phénomènes y ont eu lieu. Dans les troubles révolutionnaires, les colons de la Grande-Anse furent les premiers à se coaliser pour repousser les justes prétentions des hommes de couleur et la volonté de l'assemblée nationale qui les appela à l'égalité politique : ce sont encore eux qui conclurent les premiers la convention qui soumit successivement divers quartiers de l'île aux anglais. L'arrondissement de Jérémie souffrit étonnamment des désastreux effets de la révolte de *Goman* qui y organisa le brigandage durant près de 14 ans. On doit la fin de cette révolte, d'abord à la douceur de l'administration de feu le général *Bazelais*, à qui A. Pétion confia le commandement des arrondissemens de Jérémie et de Tiburon, et qui obtint la soumission de plusieurs chefs des révoltés ; et ensuite, à la ferme volonté du Président Boyer qui en décida l'extinction. Jérémie renferme les restes de *Férou*, l'un des signataires de l'acte d'Indépendance, et de *Blanchet* jeune, président de l'assemblée constituante. La pointe de Jérémie est à 18° 40' de lattitude N. et à 76° 33' 48'' de longitude O.

LAS MATAS. (Farfan de) Ce bourg doit son établissement à une chapelle qui y fut bâtie dans le siècle dernier pour servir aux habitans des hattes circonvoisines : il a pris de l'accroissement avec le tems par l'augmentation de ces hattes, surtout depuis 1822 que des habitans de l'Ouest et de l'Artibonite se sont fixés dans ces belles savanes. Depuis cette époque, Las Matas forment une commune indépendante de Banica dont elle dépendait autrefois. La température y est douce, même en été. Ce bourg possède une église bâtie en bois et couverte en essentes : il est situé sur la grande route du Port-au-Prince à Santo-Domingo, à 10 lieues de Saint-Jean. Las Matas fournissent beaucoup de bêtes-à-cornes à la consommation de l'Ouest et du

Sud. On produit beaucoup de denrées alimentaires dans son territoire, du sucre et du café pour l'usage des habitans, des cuirs
en poil pour l'exportation, etc.

LAS MATAS DE LA SIERRA, ou *San José de Las Matas*,
est un bourg dépendant de l'arrondissement de San-Yago, et dont
la population n'est pas nombreuse. Les productions de cette commune sont les mêmes que dans tout l'arrondissement.

LÉOGANE. A 4000 toises dans l'Est-Sud-Est de Léogane était
bâtie en 1504 la ville de *Santa-Muria-de-la-Vera-Paz* par Ovando, après qu'il eut arrêté *Anacoana*, reine du royaume de Xaragua, sœur du cacique Béhéchio auquel elle succéda et veuve
de Caonabo, cacique de Maguana, laquelle fut tuée à Santo-
Domingo. Sainte-Marie-de-la-Vraie-Paix fut remplacée par une
autre ville que les espagnols établirent vers la pointe de Léogane et qu'ils appelèrent *Sainte-Marie-du-Port*; mais le nom
indien *Yaguana*, qui désignait ce lieu, prévalut toujours. En 1606,
cette ville fut détruite par ordre de la cour d'Espagne; et ce
n'est que vers 1663 que les boucaniers y commencèrent quelques
établissemens dont les progrès suivirent ceux des cultures qu'ils
faisaient dans cette paroisse. Dans les premiers tems, il y eut
un bourg à l'Ester et un autre à la Petite-Rivière qui furent ensuite réunis pour former la ville de *Léogane*, par une prononciation vicieuse de *Yaguana*. Elle est à 1200 toises de la mer:
elle fut le siége du gouvernement colonial durant plusieurs années, et jusqu'à ce qu'il se transportât au Port-au-Prince, devenu la capitale de la colonie. Elle a la forme d'un carré long
dont les deux grands côtés ont 400 toises et les deux petits 320
toises: 15 rues et plusieurs ruelles séparent 25 îlets inégaux;
elles ne sont point pavées; mais le sol sabloneux de cette ville égoûte
les eaux pluviales en plusieurs endroits: en d'autres, elles sta-
gnent. En 1789, cette ville comptait 280 maisons et présentait
un ensemble fort élégant: son église était belle, aérée, élevée
et spacieuse; mais l'encendie survenu à l'invasion française en

1802 , avait détruit cette ville que la proximité de plusieurs sucreries rendait encore plus agréable. *Larnage* , le plus habile et le plus vertueux gouverneur de l'ancienne colonie , a été enterré à l'église de Léogane , en 1746. Cette ville renferme aussi les dépouilles mortelles du brave général *A. Gédéon* , mort en 1827. La plaine de Léogane produit du sucre , du sirop , du tafia pour la consommation intérieure : ses cantons montagneux produisent beaucoup de café qui trouve un débouché facile au Port-au-Prince. La rade de Léogane où se trouve l'embarcadère du bourg *Ça-ira* , du nom du fort qui y a été construit , est foraine et n'offre point d'abri aux bâtimens. La première habitation *sucrerie* de la ci-devant partie française est celle connue sous le nom de *Deslandes*. La température de cette commune est douce et l'air fort sain. Le fort Ça-ira est à 18° 32' 15'' de lattitude N. et à 75° 5' 15'' de longitude O.

LIMBÉ. (le) Ce bourg dont un arrondissement porte le nom sans qu'il en soit le chef-lieu, a pris naissance en 1715 par l'établissement d'une chapelle. En 1789 , il était peu considérable ; mais 22 sucreries placées dans sa petite plaine lui donnaient quelque importance. La rivière du Limbé passe près de ce bourg : elle est fort dangereuse pendant les pluies , et chaque année des imprudens en sont victimes. L'air y est froid et humide. On a trouvé dans cette commune , avant la révolution , une mine de *lapis lazuli* avec laquelle on a fait de la peinture bleue : on y a trouvé aussi de l'ocre. C'est dans cette commune qu'habitait le colon *Belin de Villeneuve* au génie industrieux duquel on a dû beaucoup d'améliorations dans la fabrication du sucre et de simplification dans le moulin et les autres machines qui servent à la production de cette denrée. Le Limbé a été aussi le théâtre des forfaits de l'africain *Macandal* dont le nom est devenu de nos jours un terme légal qui sert à qualifier tout individu qui s'occupe à duper les crédules par l'emploi des fétiches et autres sortilèges dont le but ne serait point d'effectuer des crimes ni même de simples délits. Mais anciennement, on entendait par *macan-dals* ceux qui, comme celui du Limbé, employaient les poisons pour donner la mort aux hommes. Macandal fut long-tems errant dans les bois, et enfin arrêté, condamné et brûlé vif, en 1758, dans la ville du Cap-Haïtien.

LIMONADE. Ce bourg, qui forme une paroisse ou quartier de l'arrondissement du Cap-Haïtien, a eu ses premiers établissemens dans le 17e. siècle. La paroisse possède une jolie église de maçonnerie bâtie sur le modèle de celle du Cap-Haïtien, en 1777, à environ 2 lieues de ce bourg. C'est dans cette église que Christophe fut frappé d'appoplexie, le 15 Août 1820, pendant l'office divin. On a trouvé avant la révolution sur une habitation de Limonade, une ancre que l'on a supposé être celle de la caravelle de Colomb qui périt dans la nuit du 24 au 25 Décembre 1492 ; et sur une autre habitation on a trouvé les fondemens d'un fort considéré comme celui de la *Nativité* construit en Janvier 1493 par lui : non loin de ces ruines, et en fouillant un canal pour la même habitation, on a découvert en 1784, 25 cadavres qui ont paru être ceux des espagnols tués par les indiens en l'absence de Colomb : des fourchettes de fer et des pièces de cuivre y ont été trouvées aussi. La plaine de Limonade est une des plus fertiles en sucre. On a trouvé plusieurs mines dans cette paroisse : la plus commune est celle d'aiman du petit morne à Bellly, du nom d'un anglais à qui il avait appartenu : ce morne est souvent frappé de la foudre.

LOS LLANOS. Ce bourg, qui porte le nom des plaines où il est situé, a été établi sur la route de Santo-Domingo à Seybo, à l'extrémité méridionale de l'immense savanne appelée *Guavatico*. Sa population est peu considérable : la culture des cannes à sucre et du cafier, les bois d'acajou et de fustic, et les bêtes-à-cornes, occupent ses habitans : ils embarquent ces denrées à l'embouchure de la rivière de Macoris et au port d'André, sur la côte Sud de l'île.

MACORIS. Ce bourg, qui forme une commune, est situé à environ 4 lieues de San-Yago. Ovando y avait fait construire la forteresse de la *Magdeleine*, en 1504, pour contenir les indiens ; et vers 1760, on y bâtit une chapelle qui donna naissance à ce bourg, de l'arrondissement de San-Yago.

MARCHAND. C'est une très-petite bourgade qui eût été la ville impériale de *Dessalines*, et la capitale du pays, si ce chef du gouvernement n'eût pas contraint le peuple à détruire en lui la tyrannie. Aujourd'hui, ce lieu est un poste militaire : il est situé dans la commune de la Petite-Rivière de l'Artibonite. Des fortifications y avaient été commencées : c'est en les construisant que les militaires créèrent un chant et une danse, sous le nom de *Carabinier*, pour se délasser de leurs travaux guerriers : cette danse nationale, perfectionnée dans la suite par les grâces haïtiennes, fait aujourd'hui les délices des réunions où la jeunesse se livre à cet innocent amusement.

MARIGOT. C'est un bourg formant une commune de l'arrondissement de Jacmel : avant la révolution, il n'était qu'un simple embarcadère et a pris des accroissemens successifs depuis cette époque. On cultive beaucoup de café dans cette commune, et cette denrée est portée à Jacmel où elle est vendue pour l'exportation. Marigot est à sept lieues de cette ville, sur la route qui conduit au Sale-Trou et aux Anses-à-Pître.

MARMELADE. (la) Ce nom a été donné à ce bourg et à l'un de ses cantons, à cause des pluies fréquentes qui font de son sol une espèce de bouillie ou *marmelade*. Le température en est très-fraîche. Le sol de cette commune est très-élevé et montueux ; et le cafier y produit beaucoup. On y trouve des mines de cuivre, et du soufre. La Marmelade est le chef-lieu de l'arrondissement de ce nom.

MILOT. Ce lieu, qui s'appelait *Sans-Souci* sous Christophe, qui y avait sa principale résidence, formait naguères une paroisse à cause de son église bâtie en rotonde et couverte en ardoises :

elle s'est écroulée. On y voit le palais du roi *Henri Ier.*, composé de plusieurs pièces dont l'architecture est assez élégante. Deux portes principales en forment l'entrée ; et des jardins placés sur le derrière de ces édifices embellissaient ce séjour, surtout par l'eau qui y coulait en abondance et dans tous les sens. On y voit encore le fameux *Caïmitier* sous lequel ce méchant rendait ses arrêts de mort. Des casernes pour ses gardes étaient bâties et existent encore sur la route de Milot à la citadelle *Laferrière*. Cette forteresse est située sur la chaîne d'une haute montagne appelée anciennement le Bonnet-à-l'Evêque, dont l'élévation est cause qu'on l'aperçoit d'assez loin en mer, en sortant de Puerto-Plata pour aller au Cap-Haïtien : de cette dernière ville on aperçoit aussi cette forteresse qui semble défier les nuages qui la dérobent si souvent à la vue. Un immense matériel d'artillerie forme la défense de cette citadelle dont Christophe avait fait le boulevard de l'indépendance contre l'invasion étrangère : un coup de tonnerre en fit sauter une partie en 1817, en communiquant le feu à l'une de ses poudrières ; mais elle fut réparée. Un assez grand logement est établi dans l'intérieur de la citadelle, et des casernes y existent aussi pour les troupes qui la défendraient. Christophe y avait placé ses trésors, ses archives et d'autres objets précieux, des armes et des munitions : il y a été enterré par les soins de sa famille ; un hamac, employé au transport de son cadavre depuis Sans-Souci, lui a servi de linceul. L'eau que l'on boit des citernes est excellente et très-fraîche. A peu de distance de cette forteresse, dont l'édification a coûté la vie à des milliers d'hommes et de femmes qui y travaillaient, et où Christophe a fait mourir beaucoup d'autres dans les noirs cachots qu'elle renferme, est une autre résidence *royale* appelée *palais du ramier.* C'est une longue maison distribuée en plusieurs chambres, avec une salle de billard et des magasins et logemens pour les domestiques. Des jardins de fleurs ornaient ce séjour où l'air est frais et pur.

MIRAGOANE. Cette ville, dont l'accroissement a été fort rapide depuis 1812, n'était d'abord qu'un embarcadère pour les
denrées de l'ancienne paroisse du Fond-des-Nègres, et elle devint
ensuite un bourg : le premier embarcadère était même situé au
Trou-Mithon, à une lieue de Miragoane. C'est à la permission
donnée au commerce étranger d'y conduire ses bâtimens que cette
ville a dû son extension qui a été telle, que là où mouillaient
de fortes barques, des maisons existent par les remblais qu'on y
a faits et qui ont reculé les limites de la mer. Cette commune
fournit beaucoup de café, et le port de Miragoane offre un asile
sûr aux plus gros bâtimens, excepté contre les vents du Nord.
A une lieue et demie de cette ville est l'Etang de Miragoane
dont les eaux sortent au Carénage, après avoir passé sous des
rochers, et servent de boisson aux habitans de la ville. Le beau
canton du Rochelois fait partie de la commune de Miragoane :
on cultive le cafier sur cette montagne dont le terrein est plane
et offre la facilité d'y voyager en voitures. Miragoane est à 18°
26 ' 45 '' de lattitude N. et à 75° 32 ' 39 '' de longitude O.

MIREBALAIS. (le). Ce bourg, qui porte le nom d'un quartier
assez étendu, est établi sur un plateau qui est une espèce de
presqu'île formée par la rivière de l'Artibonite qui passe au
côté Nord, et par les rivières de la Tumbe et du Bourg. Il a
dû son existence à l'établissement d'une église au tour de laquelle furent construites des maisons couvertes de paille qui furent incendiées, ainsi que l'église, en 1749 : il fut immédiatement reconstruit et son église rebâtie en maçonnerie : elle
fut dédiée à Saint-Louis, comme la précédente, ce qui porte
bien des gens à désigner ce bourg par le nom de ce Saint. Le
nom de *Mirebalais* a été donné à ce quartier par des colons
qui y trouvèrent de la ressemblance avec un canton du Poitou
en France, par rapport au grand nombre d'animaux sauvages
qu'ils y trouvèrent. La plaine de ce quartier est en effet trèspropre aux bestiaux qu'on y élève en quantité : car les bons terreins

ne le sont devenus que par le limon qu'y déposent l'Artibonite et les autres rivières qui l'arrosent, tels que le Fer-à-Cheval, la Gascogne, la Tumbe, etc. Le sol des montagnes produit d'excellent café et beaucoup de denrées alimentaires. Le climat du Mirebalais est très-sain, quoique la température en général y soit sèche. On trouve des sources d'eaux thermales à la limite du Mirebalais et de la Petite-Rivière de l'Artibonite, sur la rive droite de ce fleuve, près d'une grotte dont l'entrée est de 100 pieds de largeur et qui est fort étendue; et ensuite à la ravine Chaude, ainsi appelée à cause de la chaleur de ses eaux. Le quartier du Mirebalais a toujours été considéré comme un lieu très-important sous le rapport de la défense militaire contre un ennemi dont l'invasion y pénétrerait: il avait fixé l'attention du gouvernement colonial; et celui de la République a fait de ce bourg un dépôt de matériel de guerre et autres objets précieux. Moreau de Saint-Méry dit que " enveloppé de montagnes et environné de défilés, " le Mirebalais peut servir de dernière ressource, et l'homme " de génie en ferait un champ de gloire. " Les hommes de couleur, réunis à l'église de ce bourg le 7 Août 1791, nommèrent P. Pinchinat leur *président*. Le Port-au-Prince est le débouché naturel des denrées du Mirebalais par la route du Trianon, où le génie militaire d'A. Pétion avait tracé une ligne de défense que Christophe n'osa jamais attaquer, après que l'honorable général Benjamin Noël eût secoué le joug de ce tyran pour se soumettre à la République, en 1812, en refusant de servir d'instrument à sa férocité.

MOCA. Ce bourg forme une commune de l'arrondissement de la Véga. Sa population est assez considérable.

MOLE-SAINT-NICOLAS. (le) C. Colomb qui y entra le 6 Décembre 1492, nomma ce port *Saint-Nicolas*, du nom du saint, patron de ce jour: sa configuration lui fit donner celui de *Môle*. Ce port est le premier lieu d'Haïti où les européens ont abordé: il eut une seconde fois l'honneur de la visite du célèbre navigateur: Colomb y entra le 29 Avril 1494, quatre jours avant la découverte de la Jamaïque. Jusqu'en 1763, il ne servait que de point de relâche pour les bâtimens qui allaient du Nord aux autres parties de l'île ; et très-souvent les corsaires anglais et les pirates y mouillaient. C'est à cette époque que l'ancien gouvernement, qui avait été long-tems indifférent sur son sort, ordonna qu'on s'occupât sérieusement de son établissement. Ainsi, le Môle dont la haute importance maritime l'a fait surnommer *le Gibraltar du Nouveau Monde* par Raynal, n'a eu ses premiers habitans qu'en 1764, ce furent des Acadiens qui fuyaient la proscription anglaise : ensuite, des Allemands furent envoyés d'Europe et placés au Môle où des établissemens avaient été préparés d'avance. Des fortifications considérables et coûteuses y furent construites dans les vues d'en interdire l'approche à la puissance dont la rivalité fut toujours redoutable à la France ; et lorsque les colons eurent livré la ville du Môle aux anglais, ils y construisirent de nouvelles fortifications que nécessitait sa défense du côté de la terre. A leur évacuation de ce lieu, le général Toussaint Louverture y alla jouir de quelques honneurs militaires que la politique lui avait ménagés. Plus tard, dans nos discordes civiles, le Môle soutint un siège fameux entrepris par Christophe contre les troupes de la République que Pétion y avait envoyées pour seconder l'insurrection du Port-de-Paix : l'intrépide *Lamarre*, le courageux *Eveillard* et une foule d'autres héros y trouvèrent leur tombeau, plus heureux par leur mort glorieuse que le brave et infortuné *Toussaint* qui essuya toute la cruauté du tyran. Cette ville qui avait déjà beaucoup souffert par ce siège, fut entièrement démantelée et ses maisons brisées, après sa reddition. Un gouvernement réparateur a renouvelé toutes les constructions que la difficulté des circonstances a permises, pour retirer le Môle de ses ruines. La Presqu'île couvre le port et la baie du Môle au Nord, et le Cap-à-Foux au Sud : les bâtimens y sont toujours en sûreté. Le sol de cette commune est d'une arridité qui repousse le cultivateur : il produit cependant d'excellens raisins

et des figues très-savoureuses. La rivière du Môle qui procure
de l'eau à toutes les maisons de la ville, en rend l'air fort sain.
La baie est à 25 lieues Sud-Est-1/4-d'Est de la pointe de Maizy,
de l'île du Cube. Le Môle est à 19° 49' 20'' de lattitude N. et
à 75° 49' 45'' de longitude O. et le Cap-à-foux à 19° 46' 10'' de
lattitude et à 75° 54' 30'' de longitude.

MONTE-CHRIST. Cette petite ville, située sur la baie qui
porte son nom, à 800 toises du rivage, a été d'abord fondée,
en 1533, par soixante laboureurs qui y furent transportés d'Espagne avec leurs familles. Anéantie en 1606, en même tems que
Yaguana, Puerto-Plata et Bayaha, elle fut rebâtie en 1756
par des *Canariens* que l'Espagne y envoya : la neutralité
de son port y attira le commerce pendant 10 années que dura
cet état de choses, et alors elle acquit beaucoup d'aisance, surtout par sa proximité des établissemens français et de la ville
du Cap dont elle n'est éloignée que de 14 lieues. Une population faible qui n'y trouve pas un débouché immédiat pour ses
productions, ne peut parvenir à une grande prospérité nécessaire
pour l'accroissement de toute ville. On élève des bestiaux dans
cette commune dont le port sert d'embarcadère au tabac et autres
denrées qu'on y cultive et que l'on va vendre au Cap-Haïtien. A
1800 toises du port est la rivière du grand Yaque qui a deux embouchures à 300 toises l'une de l'autre, mais réunies à environ
un quart de lieue plus haut : elle a beaucoup de caïmans. Cette
belle rivière prend sa source au Pic d'Yaque, dans les montagnes de Cibao, et pourrait être rendue navigable, à plus de 20
lieues de son embouchure, pour des bateaux plats qui serviraient
ainsi au transport des denrées de l'immense plaine de la Vega-
Real, tandis que la Yuna donnerait la même facilité dans la baie
de Samana. C'est alors que Monte-Christ acquerrait une importance
que dans l'état actuel elle ne peut avoir, quoiqu'elle soit le chef-
lieu d'un arrondissement. Le Cap Lagrange ou de Monte-Christ
est à 19° 54' 30'' de lattitude N. et à 74° 9' 30'' de longitude O.

19

MONTE-DE-PLATA. Ce bourg, qui avait pris assez d'accroissement pour mériter le nom de ville, a été établie originairement par les habitans de Monte-Christ et de Puerto-de-Plata qui furent contraints d'abandonner ces villes en 1606 : c'est ce qui lui a fait prendre le nom qu'il porte. Il fut incendié, et depuis quelque tems ses habitans tâchent de le faire prospérer. Monte-de-Plata est à 12 lieues dans le Nord-Est de Santo-Domingo.

NEYBA. Le nom de ce bourg vient de celui de la belle rivière qui coule à 9 lieues de là et dont la source sort des montagnes du Cibao : elle est grossie dans son cours par diverses autres rivières, et notamment par le petit Yaque qui vient du Pic d'Yaque. On appelle aussi du nom de Neyba toute la plaine qui se trouve à l'Est du Lac de Xaragua. Le bourg de Neyba est assez peuplé, et son territoire, où l'on cultive toutes les denrées avec avantage, sert aussi à l'élève des bestiaux ; mais cette branche d'industrie a beaucoup diminué quant aux bêtes-à-cornes, parce que depuis quelques années, l'arbre connu sous le nom de *bayaondes* s'est tellement propagé dans la plaine de Neyba, que ses belles savannes ne sont plus qu'une épaisse forêt. Le Port-au-Prince est le débouché des productions de cette commune : les communications avec la capitale, ont lieu par un chemin dont une portion, sur le côté Nord du Lac d'Azuei, offre beaucoup de difficultés à travers les rochers dont il est hérissé. Neyba a un beau port dans la baie de *Baraona*, située près de la baie de Neyba où se décharge la rivière par sept embouchures ; et cette rivière elle-même pourrait être rendue navigable pour des bateaux plats. Le port de Baraona avait fixé l'attention de Toussaint Louverture qui y faisait commencer l'établissement d'un bourg par des troupes du Sud, lorsque l'expédition française parut sur nos plages. On y embarque beaucoup de bois d'acajou provenant des montagnes de Bahoruco, de même qu'au port du Petit-Trou, sur la même côte. On trouve du plâtre, du talc et une mine de sel marin fossile dans le ter-

ritoire de Neyba : ce sel sert à la consommation des habitans
jusqu'à Saint-Jean et Las Matas , et la mine se reproduit prodigieusement.

OUANAMINTE. Ce bourg porte le nom indien qu'avait le
canton où il est situé et qui se prononçait *Guanaminte*. Dès 1731,
on y avait formé une chapelle qui lui donna naissance : il est
situé dans une savanne élevée et est composé de 17 îlets ayant
76 emplacemens. Ouanaminte , qui forme une commune du département du Nord , a dans son territoire le canton de *Maribarou*
si fertile en sucre dont la qualité était jugée supérieure à celle
de Limonade et du Quartier-Morin. L'air y est sain. Ses montagnes renferment des mines de fer, et des indices annoncent qu'il
y en a de sulfureuses. Une mine d'or exploitée par les espagnols ,
de leur tems , a donné son nom à un canton de cette commune.

PESTEL. Un embarcadère a été cause de l'établissement de
ce bourg placé en face des Caïmites : son nom lui vient de celui d'un habitant de ce quartier. La mer y est tranquille ainsi
que dans l'espace entre la terre et les îlets des Caïmites qui
abritent ces côtes des vents du Nord qui y sont si furieux. Une
partie du canton de Plymouth se trouve dans le voisinage de
Pestel qui n'est qu'un quartier de l'arrondissement de Jérémie.

PÉTION. L'inconvénient des villes bâties sur le littoral , et
exposées par-là aux tentatives de l'étranger , a fait reconnaître
la nécessité de fonder une nouvelle ville à deux lieues de la capitale ,
au pied des montagnes. Située à une élévation d'environ deux
cents toises au-dessus du niveau de la mer, à l'entrée de la
grande colline de la Rivière-Froide ; exposée pendant le jour
à l'action des vents d'Ouest et d'Est, elle est encore rafraîchie
durant la nuit par des brises qui y apportent toute la fraîcheur
des montagnes environnantes. A ces grands moyens de salubrité
se joignent ceux résultant d'une température où l'humidité est inconnue, et d'une source considérable dont les eaux pourront
circuler en tout sens pour offrir aux habitans leur agréable sa-

veur et leur limpidité. La situation de cette ville, à laquelle la reconnaissance nationale a fait donner le nom de l'illustre Fondateur de la République, offre encore l'agrément d'une vue délicieuse : au Sud, on voit la montagne du Grand-Fond sur laquelle sont les forts *Jacques* et *Alexandre*, construits sous l'empereur Dessalines : on aime à fixer ses regards sur ces citadelles où sont mis en dépôt des moyens de résistance contre l'invasion étrangère : les sommités qui environnent Pétion offrent la facilité de fortifier cette ville avantageusement. A l'Est, on découvre une partie des montagnes de Bellevue et des Grands-Bois, et le Lac d'Azuei situé entre ces dernières et les montagnes du Fond-Parisien. Au Nord sont les chaînes de la Terre-Rouge, des Crochus et des montagnes de l'Arcahaie, et la vue se prolonge au-delà du Cap St-Marc que l'on aperçoit au Nord-Ouest. A l'Ouest, la Gonave partage agréablement le golfe dont on voit le prolongement au Nord et au Sud de cette île. La baie du Port-au-Prince n'offre pas moins d'agrément à cette magnifique vue qui se termine enfin sur la Croix-des-Bouquets et sur la plaine du Cul-de-Sac dont les plantations de cannes présentent leur charmante verdure. Au nom à jamais illustre de *Pétion* que porte cette nouvelle capitale de la République, sont joints ceux de plusieurs Vétérans de la glorieuse cause haïtienne par lesquels on a distingué ses rues : on y trouvera de l'Est à l'Ouest les rues d'*Ogé*, *Chavannes*, *Pinchinat*, *Beauvais*, *Rigaud*, *Lambert*, *Villatte*, *Louverture* et *Moïse*; et du Nord au Sud, celles du Vénérable *H. Grégoire*, *Ferrand de Baudières*, *Faubert*, *Gaulard*, *Aubran*, *Clervaux*, *Geffrard*, *Magny*, *Lamarre*, *Métellus*, *Rébecca*, *Eveillard* et *Toussaint*. Une place principale située au centre de la ville portera le nom de *Pétion*, et le Champ-de-Mars sera désigné par celui de *Boyer* : deux places moins grandes, et une autre destinée au marché public, s'y trouveront aussi.

PETITE-ANSE (la). Ce bourg, connu anciennement sous le nom de bourg de l'embarcadère de la Petite-Anse, dépendait au

trefois de là paroisse du Quartier-Morin , tandis qu'il existait
aussi une paroisse de la Petite-Anse qui n'avait qu'une église
sans bourg. Il est situé à 1516 toises du bac établi sur la rivière du Haut-du-Cap , lequel facilite le passage de la Petite-
Anse au Cap-Haïtien , *et vice versa* : il forme aujourd'hui une
commune : c'est là que s'embarquent les denrées de cette commune , de celles du Dondon , de la Grande-Rivière et du Quartier-Morin. C'est là qu'était située la capitale du royaume de
Marien dont Guacanaric était le Cacique. L'église de la Petite-
Anse , qui formait seule l'ancienne paroisse , est éloignée de 3
lieues du Cap-Haïtien et d'une lieue et demie de l'église du
Quartier-Morin : elle est bâtie en maçonnerie. Le premier plan
de *bambou* introduit en ce pays fut mis sur l'ancienne habitation
Portelance , située dans cette commune : il fut apporté de la Martinique en 1759. La Petite-Anse a été commandée pendant quelques tems par H. Christophe , au grade de chef de brigade , avant
la guerre civile du Sud.

PETIT-GOAVE. (le) L'établissement de cette ville remonte à
l'année 1663. Après avoir été d'une grande importance dans l'ancienne colonie , puisqu'elle avait été proposée pour en être la
capitale , elle déchut du moment qu'on eût commencé à établir le
Port-au-Prince. La sûreté de son port , où les bâtimens de toutes dimensions peuvent trouver un mouillage excellent , abrité
contre tous les vents, et toutes les commodités nécessaires pour
le carénage , était le motif qui faisait donner la préférence à ce
lieu sur le Port-au-Prince ; et pendant quelque tems on l'accorda
au bourg de l'Acul-du-Petit-Goave où l'on projetait l'établissement de la ville du *Fort-Royal*. Des fortifications coûteuses avaient
été construites dans l'un et l'autre points pour repousser les attaques des anglais et des espagnols qui y étaient déjà venus. La
ville actuelle est située sur le côté oriental du port du Petit-
Goave : douze rues alignées et se coupant à angles droits , séparent 20 îlets assez inégaux entre eux : ces rues ne sont point

pavés. En 1803, le Petit-Goave a été incendié lorsque les français marchèrent contre Lamarre ; mais depuis, des reconstructions ont eu lieu. L'air y est malsain, à cause des marais qui touchent la ville vers le Sud. On trouve dans les hauteurs du Petit-Goave, au haut d'une montagne vers le canton des Palmes, un étang d'une lieue et demie de circuit : on y prend du poisson d'eau douce, et l'on y trouve du gibier aquatique. Dans la ville, est un *tamarinier* qui produit des semences anthropemorphites, et imitant d'une manière très-frappante une tête d'homme vue de profil. On y fait des *chaises* de bois blanc dont on teint les pieds en rouge et dont le siège est en paille : elles sont très-estimées. La commune du Petit-Goave fournit beaucoup de café et des denrérs alimentaires ; et le canton du Trou-Chouchou qui en dépend est fort renommé pour ses bananes et ses oranges. En 1735, les académiciens envoyés au Pérou pour y mesurer quelques degrés du méridien, séjournèrent trois mois au Petit-Goave. En 1789, le vertueux *Ferrand de Baudières* y périt victime des colons, pour avoir rédigé une pétition pour les hommes de couleur par laquelle ceux-ci demandaient à jouir des droits politiques. Cette ville a été aussi le théâtre de la valeur de *Lamarre*, lorsqu'en 1803 il en chassa les français. Sur la route du Petit-Goave à Miragoane est la bourgade de l'Acul qui est un embarcadère pour les denrées des montagnes et de la plaine de cette commune. Le Tapion du Petit-Goave est à 18° 26' 50" de lattitude N. et à 75° 14' 35" de longitude O.

PETITE-RIVIÈRE DE L'ARTIBONITE. (la) Ce bourg tire son nom d'un ruisseau près duquel il est situé : ce ruisseau tombe dans l'Artibonite éloignée de cent toises du bourg : sa plus grande longueur est à-peu-près de 400 toises sur environ 150 toises de largeur. Tous les chemins qui aboutissent à ce bourg mènent à son église bâtie en maçonnerie ; ainsi que le presbythère, sur l'extrémité occidentale de la *Crête-à-Pierrot*, de ce morne sur lequel furent construits deux forts où la valeur de plusieurs divi-

sion des troupes françaises a échoué dans divers assauts donnés
contre les indigènes, commandés d'abord par Dessalines et ensuite
par *Magny* et *Lamartinière* qui y soutinrent un siège de plusieurs
jours durant lequel A. Pétion, qui servait alors sous les français, donna des preuves de ses talens comme artilleur, en jetant
plusieurs bombes dans les forts. L'habitation Ducasse de *Plassac*,
où se réunirent les hommes de couleur pour la première fois le 24
Février 1790, est située dans la commune de la Petite-Rivière.

PETITE-RIVIÈRE DE DALMARIE. (la) C'est un bourg situé
sur les bords d'une petite rivière, par comparaison à celle qui
passe au bourg de Dalmarie, et qui lui a fait donner ce nom :
il est éloigné de Dalmarie d'environ une lieue. Son mouillage est
préférable à celui de Dalmarie, parce que les bâtimens y ont
plus d'abri et meilleure tenue. C'est là que s'est passée, en 1820,
une action touchante que le pinceau du citoyen *Dejoie*, du Cap-
Haïtien, a reproduite dans le tableau qu'on voit au palais national du Port-au-Prince ; *le pardon accordé au fils de Goman par
le Président Boyer*.

PETITE-RIVIÈRE DE NIPPES. (la) Ce bourg, dont le nom
a une origine semblable à celle du bourg précédent, est placé
sur la route de Miragoane à l'Anse-à-Veau, à 3 lieues de ce dernier bourg. Anciennement, on l'appelait aussi Petite-Rivière du
Rochelois, ou simplement Rochelois. C'est un quartier de l'arrondissement de Nippes et un embarcadère pour les denrées des
cantons circonvoisins : de petites barques peuvent seules y mouiller, sans y être à l'abri des vents du Nord et des raz-de-marée.

PETIT-TROU. (le) Ce bourg forme une commune de l'arrondissement de Nippes et est éloigné de 5 lieues de l'Anse-à-
Veau, sur la route qui mène à Jérémie. Il tire son nom d'un
petit bassin ou enfoncement qui lui servait de port et qu'on appelait *Petit-Trou de Nippes* : ce port a été entièrement comblé
par des madrépores qui y croissent, et par le sable qu'y charie la petite rivière du Saut, de sorte que les barges même

ne peuvent y trouver un mouillage convenable ; ce qui nuit beaucoup à l'embarquement des denrées que cette commune expédie au Port-au-Prince : les bâtimens les reçoivent souvent sous voile ; et ils se tiennent au port de la *Ravine-à-l'eau*, situé à environ 3000 toises du bourg, où celui-ci aurait été bien mieux placé. Autrefois, l'embarcadère du Petit-Trou était aux Petites-Anses qui sont un mouillage éloigné de 400 toises du bourg. Celui-ci a encore le désavantage d'avoir dans son voisinage des portions marécageuses qui heureusement n'en-rendent pas l'air insalubre. Il y a une belle église, bâtie en pierres de taille avant 1740 : le presbythère y est attènant. On ne cultive plus de sucre dans la commune de Petit-Trou, excepté sur l'habitation *Phelippeaux*, jadis Legardeur de Tilly, où le succès le plus complet a prouvé ce que peut une industrie persévérante, guidée par la justice et aidée de la fermeté d'un honnête propriétaire. Non loin du Petit-Trou est une caverne très-considérable qui offre des curiosités naturelles.

PETIT-TROU DES ROSEAUX. (le) Ce bourg que l'on nommait autrefois le *Petit-Trou de la Grande-Anse*, est situé à environ 3 lieues de la ville de Jérémie. C'est un embarcadère qui a pris quelque accroissement durant la révolte de Goman, sur la route de Jérémie au Corail : il forme un quartier de l'arrondissement de Jérémie.

PLAINE DU NORD. (la) C'est une paroisse de l'arrondissement du Cap-Haïtien, formée par une église bâtie en maçonnerie, isolée et éloignée de 1800 toises du lieu appelé *Carrefour* ou *Cabaret*, au Morne-Rouge, sur la route du Cap : cette église est à 4 lieues de cette ville. C'est dans cette paroisse, sur l'ancienne habitation Le Normand de Mézy, que furent naturalisés les premiers *campêches* venus de la baie de Campêche même, vers 1730 : cet arbre utile y fut employé en place du citronnier, pour les haies vives. On croit que le Morne-Rouge contient des mines de cuivre. C'est aussi dans la paroisse de la plaine du Nord que naquit *Toussaint Louverture*, que la politique et des circonstances extraordinaires ont appelé à gouverner l'île entière d'Haïti.

PLAISANCE. Ce bourg, situé à environ 13 lieues du Cap-Haïtien, tire son nom de la nature des localités de cette commune et de l'agrément qu'on éprouvait en y parvenant par de mauvais chemins. Ses premiers établissemens remontent à 1720, et son église, bâtie de maçonnerie, l'a été en 1784 : cette église est cependant éloignée de 3000 toises du bourg. Cette commune produit de très-beau café dans un sol qui lui est éminemment propre : on y trouve d'excellens bois, des mines d'or, de cuivre et de fer, des granits, du jaspe, du porphyre de toutes les nuances et de la beauté la plus vantée, des orphites, des coquillages marins. Plaisance est le chef-lieu de l'arrondissement du Limbé.

PORT-A-PIMENT. (le) C'est une bourgade située à environ deux lieues des Côteaux, sur la route qui conduit à Tiburon : elle est sur une anse qui sert d'embarcadère pour les denrées de ce canton dont le débouché est aux Cayes.

PORT-AU-PRINCE. (le) Cette ville, capitale de la République, comme elle l'a été de l'ancienne colonie, n'a eu ses premiers établissemens qu'en 1749, quoique dès l'année 1724 on eût proposé sa fondation à cet effet. Sa situation qui offre la facilité de communiquer avec tous les départemens de l'île, et sa proximité de la belle plaine du Cul-de-Sac dont les produits alimentaient le commerce, furent les motifs de la préférence qui lui fut accordée autrefois sur la ville du Cap, malgré la situation prospère de cette dernière : les mêmes motifs subsistaient encore lorsque la révision de la Constitution eut lieu en 1816. La première partie établie de cette ville est celle qui est au Nord de la rue du Port : elle fut désignée sous la dénomination d'*ancienne ville*, lorsqu'on se fut décidé à continuer les constructions au Sud de cette rue. Sa longueur de l'un à l'autre portail de la rue républicaine ou grande rue, est de 1200 toises sur environ un quart de lieue de largeur, comprenant une surface de 458000 toises carrées, divisée en 101 îlets inégaux, non compris les places et les édifices publics. Toutes les rues sont percées du Nord au Sud et de l'Est à l'Ouest : il en est deux qui vont, l'une au Nord-Ouest, et l'autre au Sud-Ouest : il y en a en tout 26. Ces rues larges de 60 à 70 pieds, ont des ruisseaux pavés de chaque côté pour l'écoulement des eaux pluviales et celle des fontaines qui coulent dans quelques-unes des rues percées de l'E. à l'O : le milieu de toutes ces rues devrait être bombé, afin de faciliter l'égoût des eaux ; mais c'est encore à désirer pour la plupart d'entre elles qui sont assez mal entretenues. Le terrein où est située la ville a une forte pente, se trouvant au commencement d'une vallée qui s'étend beaucoup à l'Est et se termine à des mornes de 160 toises environ de hauteur : au Sud, la chaîne du morne l'Hôpital, de 300 toises d'élévation, va se terminer vers la pointe du Lamentin ; au Nord, un mornet commence à environ 200 toises de la mer et s'élève insensiblement jusqu'à rencontrer ceux de l'Est. Le nom du *Port-au-Prince* vient, suivant une tradition, du vaisseau le *Prince* qui mouilla dans ce port en 1706, et suivant une autre tradition, des îlets qui se trouvent devant ce port et qui portaient le nom d'*îlets du Prince*, en 1680. Presqu'immédiatement après sa fondation, elle éprouva un tremblement de terre, en 1751 ; on conçut alors l'idée de ne la bâtir qu'en bois ; et celui de 1770, qui fut de beaucoup plus violent, fit émettre une ordonnance par le gouvernement colonial qui enjoignit aux habitans de ne plus construire leurs maisons qu'en bois. Sans ce fléau funeste, la ville eût été sans doute et plus belle et plus régulièrement bâtie : elle eût été aussi plus à l'abri d'un autre fléau non moins terrible auquel cette malheureuse cité a été en proie quatre fois déjà depuis le tremblement de terre de 1770 qui renversa la plupart de ses édifices : ce sont les incendies de la Saint-Pierre 1784, du 21 Novembre 1791, du 15 Août 1820 et du 16 Décembre 1822. Depuis ce dernier événement, quelques propriétaires ont fait rebâtir en maçonnerie, et ces nouvelles constructions sont fort élégantes. La ville offre plusieurs places publiques : les plus importantes sont celles de Pétion, de l'Intendance ou de l'Eglise, de Vallière et du Cimetière. Plusieurs fontaines donnent de l'eau dans les trois premières, ainsi qu'aux bâtimens de la rade marchande, aux Prisons, à l'Hôpital militaire, et au Palais national. Un abreuvoir, dont la capacité est de 2690 barriques, fournit de grandes commodités aux personnes qui entretiennent des chevaux en ville. L'Eglise qui a été bâtie en bois depuis 1770, quoique vaste, ne suffit pas à la population actuelle de la ville ; le Présbythère construit en 1787 est à l'Est de l'église. Le Palais national, achevé en 1772, est aussi en bois et couverte en ardoises comme l'Eglise ; c'est un bel édifice : il est situé à l'Est de la place d'armes où le tombeau d'Alexandre Pétion est ombragé par l'arbre de la liberté : ce qui lui a fait donner le nom de place *Pétion*. Les Casernes de la garde du Président d'Haïti sont tout auprès et au Nord. Il y a encore une autre place d'armes ou *Champ de Mars*, d'une vaste étendue, qui est située à l'Est de la ville, hors de son enceinte. Enfin, différens édifices publics, tels que les Prisons, l'Hôpital militaire, l'Arsenal, le Lycée, la Douane, l'Ecole lancastérienne, la Secrétairerie-d'Etat, l'Hôtel des monnaies, l'Administration principale, le Trésor, les Tribunaux, etc. sont distribués dans la vaste enceinte de cette capitale où siège le Gouvernement : la plupart exigent des réparations. Le Magasin de l'Etat a été détruit le 2 Février 1827 par l'explosion de quelques milliers de poudre qui a aussi détruit la salle d'artifice et l'Arsenal : ce dernier édifice a seul été reconstruit. Les environs du Port-au-Prince offrent beaucoup d'agrément dans les maisons de plaisance qui y ont été construites : la plaine du Cul-de-Sac qui en est voisine, son port où les navires sont en sûreté, excepté contre les vents du Sud, le grand débouché qu'y trouve le commerce étranger par une nombreuse population qui consomme beaucoup : tout concourt à rendre cette ville très-importante sous tous les rapports. Elle a été le théâtre de grands événemens dans le cours de notre révolution : l'immortel A. Pétion, le Président Boyer et une foule d'autres citoyens qui se sont distingués en servant leur pays, y sont nés. Les entrailles de Pétion ont été enterrées au fort qui domine la ville et qui s'appelle le fort *Alexandre*. Le corps de son ami, du brave *Lys*, a aussi trouvé un tombeau dans ce fort qu'il avait défendu en 1812 contre les troupes de Christophe. Les entrailles de *Lamarre*, le corps d'*Eveillard*, de *Bazelais*, de *Thomas*, de *Juste Chanlatte*, de *Benjamin Noël*, et ceux de plusieurs autres officiers supérieurs décédés au Port-au-Prince, reposent dans les autres fortifications qui en forment la ligne de défense. Dans le cimetière intérieur de la ville, où l'on n'enterre plus, se trouve le mausolée du comte d'*Ennery*, mort gouverneur-général en 1776 : c'est un superbe monument en marbre, qu'abrite la Chapelle construite à cette occasion. A peu de distance de cette Chapelle on voit la modeste tombe du preux *Coutilien Coustard*, mort le 1er. Janvier 1807, à Sibert, pour avoir sauvé la vie d'A. Pétion : le tems a déjà rongé en partie la pierre sépulcrale où est gravée l'épitaphe de ce héros. *Civique de Gastines*, dont l'âme ardente et le cœur sensible n'ont pu supporter les injustices de son gouvernement, et qui était venu de France en Haïti pour connaître le peuple dont il avait défendu les droits ; le célèbre médecin *Montègre* qui y vint pour étudier la fièvre jaune et qui en mourut ; et *Billaud de Varennes*, ce fameux révolutionnaire, déporté à Cayenne d'où la restauration des Bourbons le chassa, ont trouvé au cimetière extérieur un asile pour leurs dépouilles mortelles : ce dernier est mort en 1819. Une vigie, placée au fort Alexandre, signale les bâtimens qui viennent au Port-au-Prince, dont la lattitude est 18° 33' 42'' et la longitude 74° 47', prises aux prisons de cette ville.

PORT-DE-PAIX. (le) Ce lieu fut visité par C. Colomb en 1492 et fut nommé par lui *Valparayso :* (vallée de délices) c'était la demeure d'un Cacique qui dépendait du royaume de Marien. Lorsque les flibutiers français furent chassés successivement par les flibustiers anglais et par les espagnols , de l'île de la Tortue, cette ville fut le second établissement qu'ils firent sur la grande terre ; et ils nommèrent ce port du nom de *Port-de-Paix*, sans doute parce qu'ils y trouvaient la paix. Ses établissemens remontent à l'année 1665 ; et en 1685 , le gouverneur de Cussy abandonna la Tortue pour s'y fixer : cette ville fut donc la première capitale de l'ancienne colonie. Elle s'accrut avec le tems ; mais elle fut détruite à l'arrivée de l'expédition française, en 1802 , par l'intrépide *Maurepas* qui la défandit avec beaucoup de bravoure. C'est là que le vaillant *Rebecca* secoua le joug de Christophe , à la tête du 9e. régiment d'infanterie (aujourd'hui 7e. régiment) pour se soumettre à la République : ce qui occasionna l'expédition d'une armée au Môle-Saint-Nicolas. La ville du Port-de-Paix a 23 îlets inégaux entre eux , coupés par des rues dont les directions varient en raison de ce que la ville suit la courbe, en forme de croissant, que décrit le rivage. Son église , bâtie en maçonnerie , a été recouverte depuis 1820. Il y a une fontaine sur une place qui portait autrefois le nom de Louis XVI. L'air en est malsain , à cause des marais ou lagons qui environnent la ville. Les montagnes de cette commune sont très-productives en café et en denrées alimentaires : les plus beaux artichauts du pays y croissent : le climat y est très-favorable à la santé. On y trouve de l'albâtre, de la craie, des mines de fer, d'argent (au canton de la Plate qui vient du mot *plata*), de cuivre , du zinc , et autres productions du règne minéral ; et à l'endroit appelé la *Cuivrière*, il existe une source d'eau minérale. Le Haut-Moustique fournit aussi les plus beaux bois de construction , l'acajou moucheté et ondé, l'ébène, et plusieurs sortes de lataniers ; et les forêts de la commune sont peuplées de cochons marons, de pintades et autres oiseaux, etc. Les côtes sont très-poissonneuses.

PORT-MARGOT. (le) Ce bourg, situé à environ une lieue et demie dans le Sud de l'embarcadère du même nom, dépend de l'arrondissement du Borgne. C'est dans cette commune, et sur l'îlet du Port-Margot, appelé aussi *Ilet-à-cabrit*, que vinrent s'établir les premiers boucaniers français chassés de la Tortue par *Willis*, chef des flibustiers anglais, qui fut ensuite fait prisonnier par *le Vasseur*, premier agent de l'autorité française envoyé de l'île de Saint-Christophe. La commune du Port-Margot produit beaucoup de denrées alimentaires et d'exportation dont le Cap-Haïtien est le débouché.

PORT-SALUT. (le) Ce bourg, dont l'établissement ne remonte qu'à l'année 1784, est situé sur une anse qui forme un port où de faibles barques trouvent un asile sûr contre tous les vents : ce qui lui a fait donner le nom qui distingue le bourg. La pointe de l'Abacou, dont le nom est une altération du mot indien *bocao*, et dont le passage offre tant de difficultés aux bâtimens qui remontent de l'Ouest pour la doubler, est dans cette commune qui forme une espèce de péninsule à son extrémité. Le Port-Salut a acquis une célébrité méritée par la courageuse défense des haïtiens, contre l'attaque infructueuse des français, en 1803, au lieu appelé le *Karatas* qui se trouve dans cette commune. C'est aussi là que commença l'insurrection contre Dessalines, le 8 Octobre 1806, par l'arrestation du général *Moreau*, opérée par une trentaine d'habitans à la tête desquels s'était mis le courageux citoyen *Messerou*, alors juge de paix du Port-Salut. La pointe de l'Abacou est à 18° 1' 30" de lattitude N. et à 76° 12' 55" de longitude O.

PUERTO-DE-PLATA, dont une prononciation vicieuse a fait *Porte-Plate*, a été découvert et visité par Colomb dans son premier voyage. Il est dominé par une montagne dont la cime est si blanche , que les espagnols la crurent couverte de neige , et étant détrompés , ils la nommèrent *Sierra de Plata* et le port *Puerto-de-Plata* qui signifie *Port d'argent*. Dans un autre voya-ye de Colomb , il traça le plan de la ville qui y fut formée par Ovando , en 1502. Elle eut beaucoup d'accroissement , étant le port où s'embarquaient les produits des mines et le sucre de San-Yago et de la Véga ; mais elle fut d'abord pillée par des corsaires en 1543 , et ensuite abandonnée en 1606 , par or-dre de la cour d'Espagne : elle fut rétablie à l'époque du nouvel établissement de Monte-Christ. Cette commune est très-abondante en mines d'or , d'argent et de cuivre : on y trouve aussi du plâtre. Depuis 1822 que le port a été ouvert au com-merce étranger , la ville de Puerto-de-Plata s'est embellie par beaucoup de maisons qui y ont été bâties : les plantations de ca-fiers qu'on a faites dans la commune y ont bien réussi , et le port sert au débouché de cette denrée , de même qu'au ta-bac , bois d'acajou , cuirs de bœuf en poil et autres produits de cet arrondissement , et de ceux de San-Yago , de la Véga et du Cotuy. Des batteries protègent le port dont l'entrée est assez difficile : une rivière s'y jette. Tout récemment , on a découvert à Puerto-de-Plata le *myrte à cire* ou *cirier*, arbre dont la graine produit une cire végétale de couleur verte : elle peut être blanchie comme la cire d'abeilles.

QUARTIER-MORIN. (le) C'est une paroisse de l'arrondis-sement du Cap-Haïtien , dépendant de la commune de la Petite-Anse : elle n'a qu'une église sans bourg, située à 2500 toises du rivage , dans le Sud , et à 1100 toises dans l'ouest de la grande rivière du Nord : cette église , bâtie en 1717 en maçon-nerie , est jolie. Le sol de cette paroisse a toujours été ré-puté pour produire du beau sucre , et être très-fertile. On croit que les premières *cannes* plantées dans la plaine du Cap, l'ont été sur l'habitation Duplaa. Le nom de ce quar-tier ou paroisse vient de celui de l'ancien colon Charles Mo-rin qui y a été le premier établi.

ROCHE-A-BATEAU. (la) C'est un embarcadère placé à l'anse du même nom et qui est ainsi appelé par rapport à une roche voisine du rivage qui, vue de loin et dans certaines positions, a l'air d'un bateau à la voile. Cette anse a plus d'étendue que celle des Côteaux, et son mouillage est très-bon pour de petits bâtimens.

SAINT-CHRISTOPHE. Entre les rivières de Nisao et de Nigua, se trouve le quartier de *Los Ingenios*, (des moulins) ainsi appelé à cause des premiers moulins à eau qui y étaient établis et qui servaient aux sucreries qui rendaient ce quartier très-florissant. Saint-Christophe est un bourg situé au centre de Los Ingenios, et qui a été régulièrement tracé en 1823, à plus de 20 lieues des anciennes mines de St.-Christophe, que l'on nommait ainsi du nom du fort que Colomb y avait fait construire pour protéger l'exploitation de l'or que l'on en retirait. La position du bourg de Saint-Christophe est fort agréable, dans une plaine, où coule la Nigua : ce bourg a une église et forme une paroisse sous ce rapport, et une commune à cause de la population qui est répandue dans ce quartier : en 1822, ce n'était qu'une habitation où s'étaient établis beaucoup de citoyens de l'Ouest : l'Etat y fit l'acquisition d'une cavalerie de terre pour établir ce bourg. Ses productions consistent en sucre, café, coton, tabac, bois d'acajou, campêche, etc. que l'on embarque à l'embouchure du Nisao et de la Nigua et à l'anse de Nada-Hallo. Autrefois, l'on fabriquait beaucoup de sucre, de cacao et d'indigo dans l'espace plane qui se trouve entre le Nisao et le Jayna, outre l'or et l'argent qu'on retirait des riches mines situées principalement sur les bords de cette dernière rivière, lesquelles avaient occasionné l'établissement de la bourgade de *Bonao* et de la ville de *Bonnaventure* : ce fut dans le territoire de cette ville et sur la rivière de Jayna à Sta.-Rosa, que l'on trouva le fameux grain d'or dont Oviédo parle et qui, selon lui, pesait 3600 piastres gourdes, sans en compter plu-

sieurs autres d'une grosseur remarquable. Cette étonnante production de la nature périt dans une tempête qui engloutit le navire sur lequel il était chargé pour l'Espagne. Bonnaventure
avait des fonderies où l'on faisait jusqu'à 230 mille piastres-
gourdes par an. Sur le bord du chemin qui conduit de Sto-
Domingo à St-Christophe, à l'endroit appelé *Valséquillo*, il y a
une mine de mercure.

SAINT-JEAN de la MAGUANA. Ce bourg, qui a joui du titre de ville autrefois et qui a été fondé en 1503 par Diego Velasquez au même lieu où fut la capitale du royaume de Maguana dont Caonabo était le Cacique, est situé sur la rive gauche
de la rivière de Neyba, sur la route de Las Matas à Azua. En
1606, la ville de Saint-Jean fut abandonnée; et le bourg actuel
était encore récemment établi en 1764: ce nouvel établissement
fut dû à la multiplication des hattes dont la plaine ou vallée de
Saint-Jean compte aujourd'hui un grand nombre. Le bourg fut
incendié en 1805, après le siège de Santo-Domingo par Dessalines; depuis, il a été en partie rétabli. Une église en bois, couverte de chaume comme toutes les maisons, a remplacé celle
en maçonnerie qui y existait. A 300 toises du bourg coule la
rivière de Neyba dont les eaux sont grossies plus bas et à quelques lieues par plusieurs autres et surtout par le petit Yaque
qu'il faut traverser pour aller à Azua. Il fait froid dans la vallée de Saint-Jean, pendant la nuit et durant l'hiver; car elle
est assez élevée: ses belles savanes sont très-propres à l'élève
des bestiaux, et les chevaux de Saint-Jean sont très-renommés.
On y cultive aussi la canne à sucre, le café, le coton et toutes
les autres denrées alimentaires: le maïs y vient très-bien et fournit de beaux épis. Des mines d'or existent dans le territoire de
Saint-Jean où l'on a trouvé aussi des diamans, de même qu'à
Banica, et du jaspe de toutes les couleurs, du porphyre et de
l'albâtre. La route qui passe par la Vallée de Constance pour
communiquer avec la Véga sort de Saint-Jean. C'est dans ce

bourg que *J. B. Chavannes* fut arrêté, le 16 Novembre 1790, pour être conduit à Santo-Domingo.

SAINT-LAURENT des MINES. Cette bourgade, située à environ une lieue de Santo-Domingo, sur le bord oriental et à 250 toises de l'Ozama, a été fondée vers 1719 par des noirs faits prisonniers dans la colonie française et par d'autres fugitifs que la Cour d'Espagne avait ordonné de restituer, mais qui furent libérés par le peuple de Santo-Domingo au moment où l'on allait les embarquer : devenus libres, ils formèrent la peuplade dont s'agit sous l'invocation de Saint-Laurent, laquelle prit le surnom de *Mines*, parce que la plupart de ces noirs provenaient du royaume des Mines, en Afrique. C'est une paroisse de la commune et de l'arrondissement de Santo-Domingo, cette bourgade possédant une église.

SAINT-LOUIS. Cette ville, dont les premiers établissemens datent de 1698, époque à laquelle la création de la Compagnie de Saint-Domingue eut lieu, a été régulièrement tracée en 1721, après la suppression de cette compagnie qui en avait fait sa capitale. Elle est située au fond de la baie de St-Louis, qui s'appelait depuis 1655 *baie de Cromwell*, parce que la flotte anglaise qui conquit la Jamaïque y mouilla sous son fameux protectorat : le nom qu'elle porte aujourd'hui, et qui est celui de la ville, lui a été donné en 1677. La ville est adossée à un gros morne dont l'élévation au-dessus du niveau de la mer est de 267 toises : elle est sur le rivage et a la forme d'un carré long dont le grand côté a 280 toises et le petit côté 180 toises. Cette surface est divisée en 33 îlets, divisés eux-mêmes en quatre emplacemens chacun. Les rues ont 36 pieds de largeur et ne sont point pavées. L'église est bâtie en maçonnerie, ainsi que plusieurs maisons, et couverte d'essentes. L'air y est malsain, à cause de deux lagons situés dans l'Est de la ville. Une forteresse considérable avait été élevée sur le grand îlet placé dans la baie de Saint-Louis, qui est la plus belle et la plus sûre de

tout le département du Sud ; elle était destinée à protéger la
ville, et on l'avait jugée imprenable, jusqu'à ce que les anglais
vinrent la foudroyer, en 1748. Ils la démentelèrent et employè-
rent la mine pour en faire sauter les remparts. Saint-Louis avait
une fontaine. Le vieux fort de l'îlet est à 18° 14′ 27″ de lat-
litude N. et à 75° 39′ 20″ de longitude O.

SAINT-LOUIS du NORD, que l'on appelle aussi *Petit Saint-
Louis*, est un bourg qui doit son établissement à l'abandon de
la Tortue, avant 1695. Sa situation dans une petite plaine au bord de la mer, est commode et saine ; mais son
port n'est qu'un petit bassin formé par des ressifs, exposé à
tous les vents, et où il ne peut entrer que de petits bâtimens.
On trouve dans cette commune de très-bons bois, de la craie,
des spats calcaires et des carrières d'albâtre.

SAINT-MARC. Le nom du Saint auquel la première chapelle de cette ville fut consacrée, est celui que portait la ville
elle-même lors de ses premiers établissemens qui remontent avant
l'année 1716 : alors, elle n'était qu'une réunion de quelques
maisons posées sans ordre et séparées par des rues étroites et
irrégulières : elle eut des accroissemens successifs, et avant la
révolution, elle était l'une des plus jolies villes de l'ancienne
colonie. Elle borde le rivage dans l'enfoncement de la baie, et
elle est placée au-devant d'un croissant de mornes qui ne laisse
qu'un très-petit cordon plane entre la mer et lui. Elle a 500
toises de longueur du N. au S., sur environ 240 toises de l'E.
à l'O. Cette surface, divisée par 4 rues qui courent du N. au
S. et que 10 autres rues coupent à angles droits, forme 32
îlets. Ces rues ont communément 48 pieds de largeur : il en
est de 60, et les moindres en ont 30. La pierre de taille qu'on
trouve dans le voisinage de la ville en avait fait construire la
plupart des maisons en pierres ; elles étaient très-belles, surtout
celle connue sous le nom de *Saint-Macary*. Saint-Marc a été
incendiée en 1802 par Dessalines, à l'arrivée des français. Son

église a été préservée, ainsi que plusieurs maisons, de cette destruction : elle est fort jolie et dans une situation qui enchante par la fraîcheur qui y règne : le corps de *Gabart* y a été enterré en 1805. L'air de la ville est fort sain : les deux rivières qui y coulent contribuent à cet heureux effet. Un superbe pont, appelé le *Pont de pierres*, parce qu'il a été construit de pierres de taille, a été posé sur la plus grande de ces rivières, vers 1785. Cette ville possédait autrefois une salle de spectacle. Sa rade foraine n'offre pas de sûreté aux bâtimens, mais sa baie est une des plus vastes de l'île. Ses environs sont très-agréables par les plantations qui la bordent. On a récemment établi sur l'ancienne habitation Dussolier, où Christophe avait fait commencer un château, une *Scierie mécanique* dont la proximité de l'embouchure de l'Artibonite, où beaucoup de bois d'acajou sont apportés des communes intérieures, pourra rendre cet établissement fort avantageux à ses actionnaires et au pays. C'est à St-Marc que s'établit la fameuse *assemblée coloniale* qui, ayant manifesté des prétentions trop élevées, fut dissoute par le gouvernement colonial. *Pierre Pinchinat*, dont le génie influa si puissamment sur la destinée de ses frères, est né dans cette commune : il mourut en France, à Sainte-Pélagie, emprisonné par ordre de Bonaparte sur la réclamation de Rochambeau. Dans nos discordes civiles, Saint-Marc devint la ville frontière du territoire soumis à Christophe : c'est là que le brave 8e. régiment d'infanterie, (aujourd'hui 6e. régiment) secoua le joug de ce tyran. Le débouché des denrées de ses montagnes et de la plaine de l'Artibonite a lieu par St-Marc. Le riz et les volailles de cette plaine sont très-recherchés, et les huîtres de St-Marc fort goûtées. Plusieurs fortifications défendent la ville. La Pointe de Saint-Marc est à 19° 2' 18" de lattitude N. et à 75° 14' 59" de longitude O.

SAINT-MICHEL de L'ATALAYA. Ce bourg, chef-lieu de l'arrondissement de la Marmelade, est situé à 2 lieues et demie de celui de Saint-Raphaël, dans le Sud-Ouest. Le nom de l'*Atalaya* lui a été donné, parce que c'était un poste des espagnols qui était considéré par eux comme une *sentinelle* placée sur les frontières des deux colonies. L'établissement de ce bourg remonte vers l'année 1780, et est dû à Don Joseph Guzman dont la hatte s'y trouvait et qui obtint pour cela le titre de Baron de l'Atalaya. Il a pris de l'accroissement depuis la fin de la guerre civile du Nord et la réunion de l'Est à la République. Sa position, près de la Vallée de Goave, procure la facilité d'élever des bêtes-à-cornes dans sa commune qui fournit d'ailleurs d'autres denrées.

SAINT-MICHEL du FOND-DES-NÈGRES. Ce bourg, qui n'a jamais été bien considérable même avant la révolution, et qui formait alors une paroisse, est situé sur la route du Petit-Goave et de Miragoane à Aquin, à huit lieues de cette dernière ville. Sa situation est désavantageuse sur un morne ingrat, éloigné de plus d'un quart de lieue de toute source ou rivière: aussi le voyageur qui s'y arrête est-il péniblement affecté de n'y point trouver ni fourrage ni eau pour ses animaux. Le nom de St-Michel vient de ce que l'église de ce bourg, qui est bâtie en maçonnerie, a été placée sous la protection de cet archange: son établissement remonte à 1732. Anciennement, il y avait plusieurs sucreries et des indigoteries dans cette paroisse ou quartier de l'arrondissement de Nippes: on n'y produit plus que du café et des denrées alimentaires.

SAINT-RAPHAEL. Ce bourg, qui forme un quartier de l'arrondissement de la Grande-Rivière, est situé sur la rive droite de la rivière de Bouyaha dont les eaux vont se jeter dans l'Artibonite, après s'être mêlées à celles du Guayamuço. Son établissement remonte à la même époque que celui de Saint-Michel de l'Atalaya et par les mêmes motifs: il est peu considérable et est peu éloigné du Dondon. Le terrein de ce quartier est bon en général, et les savanes y sont belles et bien fournies d'herbes: on y élève des bestiaux.

SAINTE-SUZANNE. C'est encore un quartier ou paroisse de l'arrondissement de la Grande-Rivière, formé par une bourgade où a été établie une chapelle dès 1780, sous l'invocation de cette sainte dont elle porte le nom. Ses montagnes sont très-productives en café et en vivres du pays.

SALTROU. (le). Ce quartier de l'arrondissement de Jacmel où est une bourgade établie depuis la révolution, à une anse qui n'offre de mouillage qu'aux petites barques sans les mettre à l'abri des vents du Sud, est très-productif en café dont le débouché est à Jacmel. Ce quartier est sain, et l'on y a du gibier et du poisson en abondance : le canton des Anses-à-Pître en dépend. C'est dans les montagnes de Bahoruco, voisines des Anses-à-Pître et du Saltrou, que se réfugièrent, à des époques différentes, *Guarocuya*, Cacique parent de l'infortunée Anacoana, le Cacique *Henri* et les *Esclaves* fugitifs de l'une et l'autre colonies, connus sous la dénomination de *nègres marons* : ces derniers appelaient ce lieu *Doko*. Le premier s'y retira après l'exécution de cette reine de Xaragua ; mais poursuivi par les espagnols, il fut pris et sacrifié par eux. Plus heureux que lui, le Cacique Henri, dont le père et l'aïeul avaient été tués dans le massacre de Yaguana, après avoir long-tems résisté à ses oppresseurs, obtint enfin une capitulation honorable qui conserva encore quelques années le pur sang indien au bourg de Boya. Enfin, les Esclaves fugitifs pour se soustraire à la plus horrible tyrannie, forcèrent, en 1785, le gouverneur de Bellecombe et Don Isidor de Peralta à les reconnaître libres et indépendans. (19)

SAMANA. Ce bourg, situé sur la côte Sud de la péninsule de Samana, a été établi en 1756 par des habitans des îles Canaries auxquels le gouvernement espagnol ne donna que peu d'encouragement. Mais environ un siècle auparavant, la péninsule était fréquentée ou habitée par des boucaniers français et ensuite par des colons qui ne l'abandonnèrent qu'en 1700. L'établissement espagnol qui languissait depuis long-tems, se ranima lors des événemens de la révolution qui portèrent plusieurs français à s'y retirer : ils y firent des plantations, et établirent notamment une sucrerie sur la côte Sud, à quelques lieues du bourg. C'est à l'instigation de ces derniers que l'escadrille française, sous les ordres du contre-amiral Jacob, vint dans la baie de Samana, en Février 1822, enlever les colons et quelques esclaves à Savana-de-la-Mar, au moment où les lois de la République venaient d'être proclamées à Santo-Domingo. Depuis cette époque, le gouvernement n'a cessé de diriger son attention sur ce point important. Samana a reçu de nouveaux habitans parmi les émigrans des Etats-Unis. Une fortification considérable a été élevée sur le morne *Cacao* situé à l'entrée de la baie, et des pièces de gros calibres défendent ce passage aux bâtimens qui voudraient pénétrer dans la baie. Le bourg doit être remplacé par une ville dont la situation plus à l'Ouest offrira plus d'avantages par sa position et par son port aussi sûr que celui du bourg actuel ; mais ce projet n'a pu être encore effectué par la difficulté qu'éprouve toujours la translation de pareils établissemens. Cette presqu'île, dont le terroir est d'une étonnante fertilité et qui est enrichie de bois de construction navale et autres, et de mines diverses, ne manque qu'une population plus nombreuse pour offrir tous les avantages dont elle est susceptible. Plusieurs batteries servent à la défense du bourg de Samana et du port de Limon, situé au Nord. On communique de la péninsule à Macoris, par le chemin appelé la *Terriena*, et à Savana-de-la-Mar, en traversant la baie. Les produits de Samana sont du café, du bois d'acajou, etc. Le Cap Samana est à 19° 15' 40'' de lattitude N. et à 71° 33' 30'' de longitude O.

SANTO-DOMINGO. Cette ville, la plus ancienne de toutes celles du Nouveau-Monde, fut originairement fondée sur la rive orientale de l'Ozama, en 1494, par Barthélemy Colomb qui lui donna d'abord le nom de *Nouvelle Isabelle*, pour conserver celui qui fut donné à la ville commencée l'année précédente sur la côte Nord; mais le nom de *Santo-Domingo* y fut substitué à à cause de celui du père de Colomb qui s'appelait *Dominique*. Les habitans de l'ancienne Isabelle ne se décidèrent à passer à Santo-Domingo qu'en 1496. Un ouragan qui eut lieu en 1502 et qui en renversa presque tous les établissemens alors construits en bois et couverts en paille, joint aux ravages que causaient une innombrable quantité de fourmis, décida le gouverneur N. Ovando à faire transférer, en 1504, cette ville sur le bord occidental de la rivière, où Diégo Colomb avait déjà fait construire sa maison en murs très-épais et garnie d'artillerie pour se défendre contre les indiens : on en voit encore les restes. La nouvelle ville eut beaucoup d'accroissement, parce que des particuliers y firent des constructions par spéculation, ce point attirant une affluence considérable de colons venant d'Espagne; mais elle souffrit beaucoup des ravages occasionnés lors de sa prise par l'Amiral Drake, en 1586, et par les tremblemens de terre remarquables de 1684 et de 1691. Elle a la figure d'un trapèze d'environ 450 toises à l'Est, le long de l'Ozama, 400 toises au Sud, le long de la mer, et environ 1500 toises de tour. Tout autour de la ville règne un rempart épais, garni de bastions de distance en distance : la fortification appelée la *Force*, attenant à l'arsenal, est la première établie par Ovando. Il y avait beaucoup d'artillerie; mais les anglais en ont pris la plus grande partie de celle de fonte, en 1809, pour se payer des secours qu'ils avaient donnés aux habitans lors de l'expulsion des français par le général Juan Sanchez : ils avaient demandé les cloches des églises, et les habitans aimèrent mieux donner les canons. Vingt rues divisent ses îlets inégaux : elles sont larges et bien alignées : les maisons particulières et les édifices publics sont construites en pierres très-dures tirées des carrières qui sont au Nord de la ville, ou en *tapia*,

espèce de pisé formé du mélange de la terre argileuse de
Santo-Domingo , du sable et de peu de chaux légèrement mouil-
lés et bien foulés : ce qui forme une masse compacte et dure
comme la pierre. Ces maisons sont à étage ou à rez-de-chaus-
sée , et assez uniformément bâties : quelques-unes , vers l'Ouest
et le Nord , sont en bois et couvertes en *tâches* de palmiste ou
en essentes : les plus anciennement bâties ont une terrasse , et
comme elles sont toutes contiguës , on peut passer de l'une à
l'autre. De tous les édifices publics qui sont à Santo-Domingo ,
la Cathédrale est celui qui tient le premier rang : elle est d'u-
ne architecture gothique , mais majestueuse : elle a une nef et
deux bas côtés : sa voûte est en pierres de taille. Cette œuvre d'une grande hardiesse a résisté aux fréquens tremblemens
de terre qu'elle a subis depuis son achèvement en 1540 : elle
avait été commencée en 1514 : on y voit une croix qui atteste
ce fait. On y trouve aussi la croix plantée par Colomb à
la Véga : elle a été recouverte en argent avec un travail supérieur en filigrane. D'autres saintes reliques y sont également
déposées et montrées quelquefois aux curieux. La Cathédrale
a plus de vingt autels : après celui placé au fond de la nef et
ceux des bas côtés, l'autel du Saint-Sacrement est le plus beau.
Le chœur , placé au centre de l'édifice , en diminue la beauté.
On y entre par trois grandes portes et deux portiques. Pour
monter sur la terrasse , on passe par un escalier fait en spi-
rale qui est un travail supérieur. Sur le côté Nord de la
convexité de la voûte , est une bombe à moitié enfoncée qui a
été lancée en 1809 par les anglais contre les français qu'ils
bloquaient dans ce port. C'est dans cette Cathédrale que furent
inhumés les ossemens de Christophe Colomb, après leur translation de Séville où ils avaient été portés de Valladolid, ce
grand homme étant mort dans cette dernière ville le 20 Mai 1506.
Ceux de Bathélemy Colomb y furent aussi enterrés ; et l'on
doit à Moreau de St-Méry la certitude acquise de ces faits par

les recherches qu'il provoqua en 1783. A la prise de possession de Santo-Domingo par Toussaint Louverture, les espagnols transférèrent la poussière de l'immortel auteur de la découverte de l'Amérique et celle de son frère à la Havane, à bord du vaisseau l'*Asie*. Beaucoup d'autres personnages marquans ont été aussi enterrés dans cette Cathédrale, entre autres, le général *Juan Sanchez*, vainqueur des français, mort le 12 Février 1811; et peu après la réunion de l'Est à la République., *Bruno Blanchet*, auteur du Rapport fait à l'Assemblée constituante, en 1806, par son comité de Constitution, y a trouvé un asile pour ses restes. Les autres édifices sont le Palais national, les Couvents de la Regina et de Santa-Clara, où il y a des églises et celles de la Merced, ancien couvent, de Santa-Barba, de San-Andrea, San-Nicolas, Alta-Gracia, San-Miguel, San-Lazaro, Los Remedios, Notre-Dame del Carmen, et les restes des couvents de San-Francisco ou des Cordeliers, et des Jésuites; l'Hôpital militaire, celui des lépreux à San-Lazaro, les Casernes, etc. Il y a encore quelques religieuses à la Regina et à Santa-Clara. Tous ces édifices exigeraient des réparations. Le port de Santo-Domingo est formé par les rivières de l'Ozama et de l'Isabelle qui se réunissent à peu de distance de la ville, après avoir reçu dans leur cours les eaux de Yabacaó, Monte-de-Plata, Guavanimo, Jaynamosa, Yuca, Dajao, etc. C'est un véritable bassin naturel avec des carénages pour les bâtimens qui peuvent y entrer; car à l'embouchure se trouve une barre formée plutôt par le sable que charie l'Ozama que par des roches : il n'y a que 11 à 12 pieds d'eau. Cette belle rivière est navigable à neuf ou dix lieues de la mer, et le port est assuré contre tous les vents. Des canots transportent par son cours et celui de l'Isabelle les productions des habitans placés sur leurs rives et même de ceux qui en sont assez éloignés qui y trouvent plus de facilité. On traverse l'Ozama au port dans un grand bac, pour aller sur sa rive gauche, où se trouve une petite bourgade : sa largeur en cet endroit est de 530 pieds français : son fond est de 24 pieds. Une fontaine construite par l'un des Colomb et située sur sa rive droite, procure aux bâtimens l'eau d'une source peu potable. Les habitans de la ville ne boivent que celle des citernes : chaque maison en a une plus ou moins grande. La rade extérieure est très-mauvaise, toute la côte étant de fer, exposée aux vents du Sud, ayant toujours une mer houleuse. Santo-Domingo est le débouché des productions de toute la côte du Sud, depuis le Cap Mongon jusqu'au Cap Espada : elles consistent en bois d'acajou, de fustic, de gayac, en café, coton, cacao, sucre, mélasse, tabac, cigarres, cire jaune, cuirs crus, bêtes-à-cornes, écailles de caret, etc. Le faubourg *San-Carlos* ou de *Los Lleignos* touche aux portes de cette ville, au Nord-Ouest : il a été établi par des habitans des îles Canaries. Les environs de Santo-Domingo offrent un aspect assez intéressant par l'établissement de jardins avec des maisons de plaisance. L'air y est frais et salubre, surtout dans la partie éloignée du port. Sto-Domingo est à 18° 19' 30'' de lattitude N. et à 72° 37' de longitude O.

SAN-YAGO de los CAVALLEROS. Cette ville est située sur la rive droite du grand Yaque : elle est fort ancienne, car elle existait avant 1504 : elle a été fondée par 30 Chevaliers ; c'est ce qui lui a fait donner le surnom *des Chevaliers* par ordre du roi d'Espagne qui voulut ainsi récompenser leur entreprise. Cette ville a eu le malheur d'être incendiée trois fois par les flibustiers et colons français, en représailles des désastres commis par les espagnols sur leurs établissemens du Nord : et en 1805, après le siège de Santo-Domingo par Dessalines, le général Christophe y mit encore le feu. Elle est bâtie partie en maçonnerie et partie en bois ; et avant la révolution, elle comptait plus de 600 maisons. Les rues en sont très-bien alignées et coupées à angles droits : elle a une grande place au centre, et n'a point d'en-

ceinte. L'air y est très-pur ainsi que dans toute la commune.
Le grand Yaque et les autres rivières qui y coulent charient
des grains et des paillettes d'or : des mines d'argent, de cuivre et de mercure y ont été découvertes à différentes époques.
Le *guatapana*, arbre dont la graine procure une très-belle tein-
ture noire , est abondant dans cette commune ainsi que
dans celle de Monte-Christ. On y a trouvé des écales de crus-
tacée sur lesquelles sont des croix très-parfaitement marquées ,
de couleur de vermillon, placées sur des pied-d'estaux avec deux
espèces de cierges.

SAVANA de la MAR. Ce bourg est situé sur la côte Sud de
la baie de Samana , presqu'en face du bourg de Samana et à
peu de distance de la baie des Perles : il a été établi en 1756
par des Canariens. Son nom est dû à sa position dans une
savanne près de la mer : son port n'offre de mouillage qu'aux
petits bâtimens. De la montagne ronde (Sierra redonda) jusqu'à Savana-de-la-Mar, il y a une plaine de dix lieues de
longueur sur environ quatre lieues de largeur , baignées par
neuf rivières et plusieurs ruisseaux: la montagne des morts (lo-
ma de los muertos) est au Sud de cette plaine et s'étend jusqu'au Cap Engaño.

SEYBO est un bourg situé sur la rive droite de la rivière
de Seybo et près de son confluent avec celle du Soco dont les
eaux réunies forment le beau port du Soco. Anciennement , il
existait une ville sous le nom de Seybo fondée en 1502 par
Jean de Esquivel ; mais le bourg actuel n'est pas le même établissement : il a été fondé il y a environ un siècle par les hat-
tiers de ce canton qui s'y réunissaient pour entendre la messe ;
depuis , une belle église en maçonnerie y a été construite. Le
port où s'embarquent les productions de la commune de Seybo
est formé par la rivière de la Romana et par un bras de mer
qui y entre, en face de l'île Sainte-Catherine. Outre ses bêtes-
à-cornes et ses autres produits qui sont semblables à ceux de

toute la côte Sud, Seybo produit un fromage indigène d'un bon
goût et connu sous le nom de *Palo-Hincado*, du nom du lieu
où périt le général Ferrand, le 7 Novembre 1808, lorsque les
habitans de l'Est se furent soulevés pour chasser les français
de cette partie. C'est principalement dans cette commune que
cette courageuse insurrection prit naissance : ses habitans sont
de beaux hommes et forment une cavalerie qui manie fort bien
la lance. Seybo est à environ 35 lieues de Santo-Domingo et à
15 de Higuey. On trouve dans son territoire des mines d'argent,
de fer et d'étaim.

TERRE-NEUVE. Ce bourg est situé dans un vallon formé
par deux montagnes qui forment elles-mêmes le canton de Terre-
Neuve dépendant autrefois de la paroisse du Port-à-Piment, aux
sources thermales duquel était établi un bourg. Terre-Neuve
a été établie depuis la révolution et forme aujourd'hui une commune de l'arrondissement des Gonaïves, très-productive en café :
on y trouve aussi toutes les espèces de bois propres aux constructions, et des mines de fer et de cuivre y existent, puisqu'on
y a trouvé, avant la révolution, plusieurs ustenciles qui déno-
tent que les espagnols y avaient exploité soit de ces métaux
ou d'autres plus riches dans la peuplade qu'ils l'appelaient *Ville-
Neuve*, dont on a vu les restes et qui aura motivé la dénomination de Terre-Neuve : des minéralogistes y ont trouvé des par-
celles de l'espèce de *mica*, appelé *or de chat* ou sable doré.
De grandes cavernes y présentent des stalactites et des stalag-
mites très-belles. La plaine du Port-à-Piment, dont la plus grande
partie est de la commune de Terre-Neuve, est très-riche en
productions du règne végétal : des hattes y sont établies où les
bêtes-à-cornes et de beaux et bons chevaux réussissent parfaite-
ment. Au commencement du 18e. siècle, ce canton était peuplé de ces animaux sauvages. On y trouve aussi des pintades
maronnes, des ramiers, des tourterelles et des corneilles dont
le cri fatigue l'ouïe : les côtes sont poissonneuses ; mais on pré-

tend que certaine partie fournit des poissons, surtout les sardines, qui empoisonnent parce que le fond est cuivré. Le serein ne tombe jamais au Port-à-Piment : un bourg y existait autrefois, au Sud et à toucher les établissemens des eaux thermales : il a été détruit avec eux durant la révolution, mais quelques personnes y ont récemment rétabli leurs maisons.

TERRIER-ROUGE. (le) Ce bourg, qui a pris le nom donné spécialement à une grande savanne à cause de la nuance de son terrein, est peu considérable : il est placé à 3 lieues de la mer et forme un quartier de l'arrondissement du Fort-Liberté. L'embarcadère de Caracol, où l'on embarque les denrées de ce quartier sur deux points éloignés l'un de l'autre de 360 toises, est situé dans la baie de Caracol, qui reçut de Colomb le nom de *port de la Nativité*; c'est dans ce canton que fut aussi établie, en 1503, la ville espagnole de *Port-Royal*, abandonnée avant 1606. On y trouve aussi une mine de cuivre. L'ancienne habitation Rouvray, qui avait appartenu aux Jésuites, est le premier lieu où l'on ait planté des graines de *cafier* que les Jésuites de la Martinique envoyèrent à leurs confrères : cette habitation est située au Terrier-Rouge.

TIBURON. Ce bourg porte le nom par lequel les indiens appelaient le *requin*, sans doute parce qu'il y en avait beaucoup en cet endroit. Son établissement a eu lieu vers le milieu du siècle dernier ; mais les premières cultures de la commune furent faites en 1737. Le bourg est situé dans l'anse qui forme le port de Tiburon toujours considéré important sous le rapport maritime, à cause du Cap-Tiburon qui est une sorte de débouquement. Plusieurs flottes que commandaient des amiraux distingués dans la marine anglaise y ont mouillé à diverses fois. Ce lieu a encore été un des points que les anglais ont le plus disputé au général A. Rigaud qui, dans un tems moins heureux, s'y embarqua pour France. La température du bourg est fort douce, le thermomètre de Réaumur n'y montant jamais au dessus de 22°. Il y a des sources d'eaux thermales dans cette commune, dans les montagnes de la Cahouane. Le Cap-Tiburon est à 18° 19' 25'' de lattitude N. et à 76° 54' 12'' de longitude O.

TORBEC. A 3 lieues de la ville des Cayes se trouve ce bourg qui était plus considérable qu'elle, il y a un siècle : à 1500 toises dans l'Ouest était un ancien bourg où il n'existe plus qu'un embarcadère. La plupart des maisons de Torbec sont construites en maçonnerie, de même que l'église qui est fort jolie : l'air y est sain. C'est dans cette église que fut enterré l'intendant *Maillart* dont la bonne intelligence avec Larnage fit prospérer l'ancienne colonie pendant long-tems. La montagne des Platons, où les esclaves insurgés se fortifièrent au commencement de la révolution pour combattre leurs oppresseurs, est située dans cette commune : depuis 1804, on y a construit une citadelle où repose le corps du brave *Geffrard*, mort aux Cayes le 31 Mai 1806. La vue y est fort belle, puisqu'on distingue de là, entre autres points, la montagne de la Selle qui est dans les communes du Port-au-Prince et de Marigot. *Boisrond Tonnerre*, auteur de l'Acte d'Indépendance et de la Proclamation du 1er. Janvier 1804, est né dans cette commune, en 1776.

TROU. (le) Ce bourg, chef-lieu d'un arrondissement suivant la loi de 1821, est situé à 7 lieues du Cap-Haïtien et à 2 lieues du Terrier-Rouge. Il a été établi il y a environ un siècle ; il n'a qu'une seule rue dirigée du N. O. au S. E. en venant du Cap. Son église est bâtie en maçonnerie : elle a 75 pieds de long sur 40 de large : elle est située sur une place de 400 pieds de longueur, et a été achevée en 1783. Les productions de cette commune consistent principalement en café : on y fabrique aussi du sucre et l'on y cultive les denrées alimentaires.

TROU-BONBON. (le) C'est un petit bourg situé sur la route de Jérémie à Dalmarie, à une anse qui offre mouillage aux caboteurs. Le Trou-Bonbon forme un quartier de l'arrondissement de Jérémie : ses productions consistent en café.

VALLIERE. Ce bourg est peu considérable et est situé dans les montagnes au S. O. du Fort-Liberté. Son nom est celui du gouverneur colonial sous lequel ce quartier fut érigé en paroisse, en 1773. Ses productions consistent en café et en vivres du pays. Dans l'Est de Vallière est le *Mont-Organisé*, ainsi nommé parce qu'il semble être l'asile chéri du *musicien*. Cet oiseau, dont le gosier flexible module plusieurs notes de musique, est un peu moins gros que le rossignol, et son plumage ressemble à celui de ce dernier, excepté sous la gorge qui est de couleur écarlate. Sa tête est assez grosse ; et lorsqu'il chante, il renfle sa gorge. Il arrive quelquefois qu'ils se réunissent plusieurs dans le même endroit, et leur chant est alors aussi varié qu'agréable. Mais il est difficile de le voir : il semble que la modestie le porte à se dérober à la vue de l'homme qu'il a su charmer. En été, dès l'aurore il se fait entendre, et long-tems après le coucher du soleil. Cet aimable oiseau semble ne pouvoir habiter que les hautes montagnes où la température est douce.

VÉGA. (la) La ville actuelle, située à un quart de lieue de la rive droite du Cama, au milieu d'une jolie savanne presque ronde, a remplacé l'ancienne ville de la *Conception de la Véga* dont l'établissement commença par la construction d'un fort ordonnée par C. Colomb en 1495, à l'endroit même où *Guarionex*, cacique de Magua, avait sa résidence. Cette première ville fut renversée par un tremblement de terre en 1564 : on en voit encore les restes, la terre s'étant entr'ouverte, quelques toîts des maisons paraissent au-dessus du sol. Elle avait été le siège d'un Evêché ; et c'est dans son église que le vertueux *Barthélemi de Las Casas* chanta, en 1510, la première grand'messe qu'on eût entendue en Amérique : cette imposante cérémonie eut lieu en présence de Colomb et d'une foule de personnes qu'y avait attirées la fonte de l'or. On y fondait quelquefois dans l'année jusqu'à 240 mille écus d'or produits par les mines du Cibao. dont cette ville était peu éloignée : elle était à deux lieues de la ville actuelle, dans le Nord-Nord-Ouest, et sur la rive gauche du Camu, au pied d'une montagne au-dessus de laquelle avait été mise la croix qui est conservée dans la Cathédrale de Santo-Domingo, où elle a été portée par ordre de Charles-Quint, lors de la destruction de la Conception de la Véga. C'est à cette époque que date l'établissement de la nouvelle Véga. Les rues en sont bien alignées : il y a une grande place publique au centre de la ville qui n'est pas fermée : les maisons sont construites en bois au nombre d'environ 300. Ces deux villes ont tiré leur nom de celui donné en 1494 par C. Colomb à la plaine de la Véga-Réal. La Vallée de Constance se trouve dans la commune de la Véga : elle est située presqu'à une égale distance de la Véga et de San-Yago ; au sommet d'une montagne qui est au Sud du groupe du Cibao : il y fait très-froid. Cette vallée a environ cinq lieues de circonférence ; elle est fort belle et très-bien arrosée, les pâturages y sont propres à toutes sortes d'animaux. On y trouve des mines d'or ainsi que dans les montagnes du Cibao. Les productions actuelles de la Véga consistent en tabac, cacao, sucre, bêtes-à-cornes et vivres du pays.

VÉRETTES. (les) Ce bourg est situé sur la rive gauche de l'Artibonite, à 2 lieues du bourg de la Petite-Rivière : il est moins considérable que ce dernier, mais il forme aussi une commune de l'arrondissement de Saint-Marc. Ses productions en café, sucre et coton trouvent leur débouché dans cette ville.

FIN.

23

——

(1) Un passage de l'historien Herrera avait fait accuser le vertueux *Barthélemi de Las Casas* d'être l'auteur de la *Traite des Noirs* au moyen de laquelle on a repeuplé les Antilles. Le premier qui lui imputa cette odieuse proposition fut Paw, ensuite Robertson, Raynal, Marmontel et plusieurs autres auteurs : cette accusation fut renouvelée par Moreau de St.-Méry, dans sa *Description de la partie française de Saint-Domingue*, tome 1er., page 24. Mais les savantes recherches qu'a faites à ce sujet le vénérable Grégoire, ancien Evêque de Blois, dans l'apologie qu'il a lue à l'Institut le 12 Mai 1801 en faveur de Las Casas, et dans laquelle il a fait preuve de la plus grande érudition, ont prouvé incontestablement que cet infâme trafic a commencé dès l'année 1443, trente-un ans avant la naissance de Las Casas arrivée en 1474; que ce furent les Portugais qui l'établirent sous le règne du prince Enrique; qu'ils vendirent aux Espagnols les noirs qu'ils volaient sur la côte de Guinée; qu'à Séville, il y en avait déjà un trèsgrand nombre lors de la découverte de l'Amérique; et qu'il en fut emmené à Santo-Domingo, dès 1498 ou en 1500, comme esclaves. Dans l'ardeur de son zélé pour prouver l'injustice de cette accusation contre Las Casas, Grégoire avait émis l'opinion que l'Evêque de Chiapa n'avait en aucune manière participé à ce crime de lèse-humanité, ou que, *s'il conseilla de recourir aux noirs parce que, comme l'observe Herrera, un seul nègre fait plus d'ouvrage que quatre indiens, cette faiblesse ou cette erreur ne fut qu'une transaction forcée avec la tyrannie, à laquelle il aurait voulu d'ailleurs arracher toutes ses victimes, etc.* Cependant, le docteur don *Servando Mier*, de Mexico, adressa une lettre en 1806 à Grégoire, et le 1er Avril 1819 le docteur don *Gregorio Funes*, de Buenos-Ayres, lui en adressa une autre dans lesquelles ces deux savans américains, tout en convenant avec lui que la Traite des Noirs ne fut pas proposée par Las Casas, puisqu'elle existait avant sa naissance, exprimèrent l'opinion que Herrera n'a point calomnié le *Protecteur des Indiens* et que celui-ci proposa effectivement de permettre aux Espagnols établis dans les îles de se procurer eux-mêmes les esclaves africains, soit en faisant direc-

tement la traite , soit plutôt en les achetant des Portugais , tandis que Charles-Quint venait d'accorder des licences monopoleuses pour en fournir les Antilles. Cette opinion a été adoptée par *J. A. Llorente* qui est convenu avec ces deux auteurs qu'en cela Las Casas n'était pas inconséquent à ses principes qui lui faisaient rejeter l'esclavage comme contraire au droit naturel , et qu'il ne vit par-là qu'un fait déjà établi qui permettait même d'espérer que la condition des esclaves africains serait améliorée , (en adoucissant celle des indiens ,) par le bienfait du christianisme dont ils étaient privés en Afrique où ils étaient également esclaves. Llorente a encore cité , dans ses *Œuvres de Las Casas* , plusieurs passages de Herrera qui prouvent qu'avant 1517 , époque où Las Casas fit cette proposition , la cour d'Espagne avait rendu diverses ordonnances pour permettre l'importation des Noirs en Amérique ; qu'il y en avait déjà un grand nombre ; et que les moines de St. Jérôme , envoyés à Santo-Domingo comme Gouverneurs des Indiens , avaient demandé en 1516 des esclaves africains dans les mêmes vues que Las Casas : pour soulager les Indiens. Il dit enfin : " Monseigneur l'Evêque Grégoire a raison de dire que , " le fait étant certain , il ne faut plus le regarder que comme " une manière de transiger avec les circonstances , plutôt qu'une " inconséquence dans ce système de liberté que Las Casas s'était " fait en faveur des Américains. Jamais il n'avait voulu l'escla- " vage des nègres ; mais cette condition existait , et ni Las Casas " ni aucun autre homme de son siècle n'y trouvait rien de con- " traire à l'humanité , parce que l'idée qu'on avait alors des noirs " dans toute l'Europe était entièrement différente de ce que nous " en pensons aujourd'hui , depuis que les Lumières sur le droit " des gens sont devenues si supérieures à celles de ce tems-là. "

(2) La *canne à sucre* fut transplantée en Haïti en 1506. En 1516 , il y avait déjà 40 moulins en pleine activité ; et ce fut une cause de la demande que firent les pères de St. Jérôme de l'envoi en Amérique des esclaves africains pour être employés à cette culture , attendu que la faible constitution des Indiens ne s'y prêtait pas. Le *cacao* est un fruit indigène qui fut aussi cultivé avec succès dans le même-tems. Les *bêtes-à-cornes* furent apportées d'Espagne : en 1587 , on exporta de l'île 35 mille cuirs de bœuf.

(3) Le nom de *Flibustiers* tire son origine du mot anglais *fly-boat* qui signifie chaloupe , barque légère marchant vîte. Celui de *boucaniers* vient de ce que ces premiers habitans faisaient des *boucans* , lieux où ils *boucanaient* (rôtir ou griller) les viandes des bœufs ou autres animaux sauvages qu'ils tuaient à la chasse : ils faisaient alternativement la course sur mer ou chassaient sur

terre. Le nom d'*Aventuriers* leur a été donné par les Espagnols par mépris, parce que c'étaient des individus de diverses nations et d'une basse extraction.

(4) Sous cette dénomination générique, on comprend également les *noirs libres*, tous ceux enfin qui étaient désignés avant la révolution sous le nom d'*affranchis*.

(5) Les recensemens du tems étaient jugés fort inexacts. Voyez Moreau de St.-Méry, 2e. volume de la description de la partie espagnole, page 214, et 1er. volume de celle de la partie française, page 5. Dans l'un, il porte le nombre des esclaves à 500000, et dans l'autre il le porte à 452000; et suivant les états de l'intendant Marbois, leur nombre était de 509642 dont 284307 hommes et 225335 femmes, y compris les enfans.

(6) En 1785, *Julien Raimond*, homme de couleur, habitant d'Aquin, présenta des mémoires au maréchal de Castries, ministre de la marine et des colonies, pour obtenir l'assimilation des hommes de couleur libres (des affranchis) aux blancs. Voyez Moreau de St.-Méry, tome 2, page 618, de la *description de la partie française*. En 1789, il fit aussi un mémoire dans lequel il proposait d'accorder graduellement la liberté aux esclaves. Une pareille proposition fut faite au Club Massiac par V. Ogé, le 7 Septembre de la même année : et il demanda à être admis parmi ces grands planteurs pour leur exposer ses moyens. Voyez *Garan Coulon*.

(7) Brissot, Pétion, Mirabeau, Condorcet, Clavières, Grégoire, etc. étaient membres de cette société qui a la première élevé la voix en faveur de l'abolition de la Traite des Noirs : elle fut fondée par Brissot.

(8) Le 12 Avril 1790, le baron de Cambefort écrivit une lettre au commandant de Monte-Christ pour le prévenir de la prochaine arrivée d'*Ogé* et de *Fleury*, et l'inviter à les faire arrêter s'ils débarquaient dans son district. Le 25 Novembre suivant, *J.-B. Chavannes* étant interrogé par don Garcia, déclara que dans la nuit du 26 du mois d'Octobre précédent, vers 2 heures du matin, 28 blancs vinrent chez lui, à la Grande-Rivière, pour arrêter V. Ogé qui y était refugié depuis son passage au Cap : il y avait huit autres hommes de couleur qui s'y étaient réunis pour défendre Ogé ; mais les blancs les ayant aperçus et craignant d'être repoussés n'osèrent faire aucune tentative après avoir parlé à Madame Chavannes qui leur demanda même l'ordre d'arrestation qu'ils ne purent exhiber. S'étant retirés, Ogé conçut qu'il n'y avait de salut pour lui que dans le désarmement des blancs de la Grande-Rivière qu'il commença le lendemain matin avec ces huit hommes

de couleur auxquels se joignirent successivement environ 300 autres. J.-B. Chavannes qui était allé au Cap, arriva à la Grande-Rivière pendant le désarmement et y coopéra. C'est avec cette petite armée qu'ils combattirent contre les blancs envoyés du Cap. *V. Ogé* lui-même a dit à don Garcia, le 4 Décembre, qu'en débarquant au Cap il passa de suite au Dondon, sur sa propriété ; qu'une patrouille y fut envoyée pour l'arrêter : ce qui le contraignit à se réfugier chez J.-B. Chavannes, à la Grande-Rivière où un autre détachement fut envoyé dans le même but, comme l'a dit Chavannes ; mais il prétendit que sa troupe s'élevait à plus de 400 hommes. J'ai pris le nombre de 300 pour terme moyen, pensant que J.-B. Chavannes, qui remplissait les fonctions de *major-général*, a pu être mieux informé qu'Ogé, leur chef.

(9) Outre Vincent Ogé et Jean-Baptiste Chavannes, il y avait Joseph Ogé, l'aîné ; Jacques Ogé ; Alexandre Couthia, frère utérin des Ogé ; Louis Suar ; Alexis Barbault, dit Boiron ; Hiacinte Chavannes ; Joseph Chavannes, fils du précédent ; Pierre Angommard ; Jean Pierre Angommard ; Joseph-Louis Angommard ; Pierre Arceau ; Toussaint Parvoyé ; Jean-Baptiste Grenié ; J.-B. Joubert ; Arnaud Joubert ; Pierre Joubert aîné ; Louis Grégoire ; Jean-Baptiste Chervier, ou Chevus ; Joseph Palmentier ; Louis Labonté, ou Laborde ; Jean Picard ; et J.-François Miot. De plus, deux esclaves nommés Louis et Nicolas-François Olandes. A Hinche, on fit le signalement de V. Ogé ainsi : un homme de 5 pieds 3 pouces, de couleur brune (il était quarteron) cheveux crépus, nez aquilin avec deux tâches près du nez, de grands yeux, manquant une dent œillère de la mâchoire supérieure et une autre du même côté commençant à se piquer.

(10) Le docteur *Vicente Antonio de Faura* naquit à Santo-Domingo le 16 Avril 1750. Après avoir fait de bonnes études à l'Université de cette ville, qu'il termina en 1775 en recevant le grade de *Bachelier* en droit civil, il devint successivement *bachelier* en droit canon, *licencié* et *docteur* en droit civil, en 1777. Reçu avocat en 1779, il devint ensuite *fiscal* et *vice-recteur* de l'Université. Après cela, il fut choisi par don Isidor de Peralta, et ensuite par don Joaquim Garcia, gouverneurs de la partie espagnole, pour être leur *assesseur :* avocat que le gouverneur consultait dans les matières de haute importance. Lors de l'instruction de l'affaire d'Ogé et de ses compagnons d'infortune, il opina pour que leur extradition n'eût pas lieu, jusqu'à ce qu'on eût reçu de nouveaux ordres du roi d'Espagne. Cette opinion, en date du 20 Décembre 1790, où son humanité était déguisée par des raisons de la plus

haute politique, occasionna tant de satisfaction à son souverain, qu'il fut nommé en 1791 *assesseur général* du gouvernement de Santo-Domingo avec 1500 $ d'appointemens et les honneurs d'*Oidor* de l'audience royale de Caracas. En 1795, il fut nommé *alcade del crimen* de l'audience du Mexique, et mourut à Santo-Domingo le 1er Octobre 1797. Sa veuve et ses quatre filles sont encore en cette ville. Ceux qui opinèrent pour l'extradition, d'Ogé furent le gouverneur *Garcia* et le fiscal *Fonserada* ; et les Oidors *Pedro Catano*, *Urizar* et *Catani* formèrent l'audience royale : deux de ces trois furent du même avis ; un seul pensa comme Faura.

(11) On a trouvé dans les archives du palais national de Santo-Domingo de nombreuses listes d'esclaves vendus dans la partie de l'Est par l'armée de *Jean François* et de *Biassou*. *Toussaint*, qui avait pris le surnom de *Louverture* bien avant qu'il se fût soumis à Laveaux, s'est toujours défendu contre cette inculpation : il a soutenu de n'avoir jamais participé à cette horreur, et il a fait de la nécessité de faire cesser cette vente d'esclaves dans la partie de l'Est qui y était encore continuée, disait-il en 1800, le plus puissant et même le seul motif de la prise de possession effectuée en Janvier 1801. Sa correspondance à ce sujet avec le gouverneur Garcia, et les plaintes amères qu'il lui adressait contre Biassou, (avant d'avoir passé au service de la République française) où il reproche à ce dernier d'avoir fait vendre ses frères et de l'avoir accusé d'une coopération qui, selon lui, n'eut jamais lieu : tout doit faire admettre la probabilité que Toussaint Louverture, dont les lumières étaient au-dessus de celles de Jean François et de Biassou, n'a pas réellement contribué à vendre ces esclaves.

(12) A la prise d'armes de 1791 par les hommes de couleur, il se joignit à eux environ 250 esclaves qui, ayant fait partie des premiers rassemblemens dispersés par la maréchaussée, avaient été contraints de fuir des ateliers dont ils dépendaient. Au Concordat de la Croix-des-Bouquets, les colons voulurent y exprimer une clause pour les contraindre à rentrer sur leurs habitations ; mais les hommes de couleur n'y consentirent point : sur l'insistance de ces colons, *Daguin* dégaîna son épée et ordonna aux tambours de battre la générale : ce qui les porta à renoncer à cette proposition. Lorsque le Traité de paix eut lieu sur l'habitation Damiens, il n'y eut point de disposition expresse par rapport à eux ; et peu de jours après l'entrée de l'armée au Port-au-Prince, M. de Lerembourg, maire de la ville, proposa alors d'expatrier ces 259 hommes, qui devaient

être envoyés à la côte de Mosquitos pour y former un établissement, attendu, disait-il, que leur présence parmi les autres esclaves pouvait être d'une dangereuse influence, surtout dans le moment où les ateliers du Nord étaient en pleine insurrection. Cette nouvelle proposition fut d'abord rejetée, notamment par le général Rigaud, comme elle aurait dû l'être toujours ; mais ce refus ayant occasionné de la rumeur parmi les blancs, il s'ensuivit une agitation générale qui fit craindre le renouvellement des troubles pour la cessation desquels on venait de faire des sacrifices très-grands. Nouvelle proposition de la part des colons qui se réunirent avec les principaux chefs des hommes de couleur dans une assemblée où, pour conserver la paix si vivement désirée, cette déplorable résolution fut enfin arrêtée, par assise et levée, à la majorité. Mais, pour s'assurer de son entière exécution, les hommes de couleur nommèrent quatre Commissaires pour accompagner ces infortunés qui furent d'ailleurs pourvus d'instrumens aratoires et de provisions destinées à faciliter l'établissement projeté. Partis du Port-au-Prince, le 2 Novembre, ces 250 hommes étaient sur le navire le *Manuel*, de Nantes, dont le capitaine se nommait *Colmin* ; et les commissaires *Cadet Chanlatte*, *Charles Haran*, *Louis Bonneau* et *Barthélemy Richiez* étaient montés sur le bric de guerre la *Philipine*, capitaine *Bélanger*. Arrivés devant Jérémie, les deux capitaines conférèrent ensemble ; et dans la nuit, leurs bâtimens changèrent de route : ce qui était évidemment le résultat de la perfidie qui avait présidé à cette odieuse machination. Au jour, le bric se dirigea sur la baie de Guatimala, parcourut ensuite toutes ses côtes et se rendit à Carthagène d'où il alla à la Jamaïque. Là, les commissaires apprirent du capitaine Bélanger que le Manuel avait voulu vendre ces infortunés qu'il jeta ensuite sur une côte, et qu'ils avaient été ensuite expédiés par le gouverneur de la Jamaïque au Cap., d'où l'assemblé coloniale les fit envoyer sur un ponton au Môle, où ils furent sacrifiés par les blancs, à l'exception d'une vingtaine qui furent expédiés dans l'Ouest et le Sud, afin d'exciter l'indignation des esclaves contre les hommes de couleur. Quant aux commissaires qui avaient été tenus comme prisonniers à bord du bric, ils furent aussi emmenés au Cap où ils furent mis aux cachots durant six semaines : l'arrivée officielle du décret du 4 Avril 1792 porta Blanchelande à les mettre en liberté : ils se rendirent ensuite dans l'Ouest. C'est par des insinuations aussi perfides que nos ennemis ont toujours cherché à nous diviser.

(13) Le 6 Janvier 1805, (16 Nivôse, an 13) le général *Ferrand* publia un arrêté qui autorisait les habitans de l'Est et

les troupes blanches sous ses ordres à capturer tous les haïtiens qu'ils pourraient atteindre , *pour être vendus* comme *esclaves* dans les îles de l'Archipel.

(14) En vain l'on voudrait assimiler cette réclamation de l'Espagne à celle de la France qui a porté le gouvernement haïtien à accorder des indemnités : elles ont été demandées et données pour les colons français dont l'expulsion leur fit perdre les propriétés territoriales qu'ils avaient en Haïti, quoique leur conduite barbare eût pu empêcher cet acte généreux. La France n'a point obtenu d'indemnités pour ce qu'elle aurait pu aussi appeler sa *souveraineté*, et la réclamation de l'Espagne ne pourrait reposer que sur cette prétention ; car, à l'exception de quelques colons qui se trouvaient absens de la partie de l'Est lors de la prise de possession en 1822, tous les propriétaires ont été maintenus dans leurs biens et reconnus citoyens de l'Etat. A l'égard des absens, une proclamation du Président d'Haïti, du 8 Février 1823, leur accorda un nouveau délai de 4 mois pour rentrer dans le pays et jouir de leurs propriétés. Il s'est donc écoulé 16 mois pendant lesquels ils auraient pu profiter des bienveillantes dispositions du gouvernement ; et s'ils ne l'ont pas fait, ils ont dû perdre ces propriétés devenues irrévocablement celles du domaine public : il ne serait donc pas rationnel de leur donner des indemnités. Il ne le serait pas non plus d'en accorder à l'Espagne par rapport à ce qu'elle appelle sa *souveraineté*: la Hollande ne lui en a point accordées, et les Etats-Unis n'ont pas indemnisé l'Angleterre de la perte de ces colonies. Et quant à la restitution pure et simple du territoire de l'Est avec le peuple qui l'habite, le tems n'est plus où l'on considérait les hommes comme de vils troupeaux.

(15) En décrivant l'ancienne partie espagnole de l'île , M. de St.-Méry a compris ces petites îles au nombre des autres qui l'environnent. Cela m'a paru suffisant pour les considérer comme adjacentes à Haïti , sans prétendre préjuger ce qu'il paraîtra convenable à la politique de faire à ce sujet.

(16) On m'objectera sans doute le désastreux ouragan qui a failli faire disparaître la ville des Cayes, dans la nuit du 12 au 13 Août 1831. Cependant, quels qu'aient été ses terribles effets , je persiste à croire qu'un tremblement de terre est plus dangereux , puisqu'une maison solidement bâtie peut résister aux chocs impétueux du vent et des eaux qu'il soulève, tandis qu'elle est sapée par sa base dans les mouvemens oscillatoires de la terre qui , quelquefois , s'entr'ouvre et engloutit tout en un instant : et d'ailleurs , cet effroyable ouragan a été accompagné de tremblemens de terre qui ont pu contribuer à ce désastre.

(17) On a vu d'anciens Colons et d'autres français venir en Haïti , se livrer paisiblement à leurs affaires commerciales , et voyager avec sécurité dans l'intérieur du pays., après avoir imprimé des écrits injurieux pour les Haïtiens , où ils proposaient même des plans pour leur entière destruction. Quant aux autres étrangers , on sait qu'ils se sont toujours plu à rendre justice à leur hospitalité.

(18) On doit faire observer ici que les mariages sont plus fréquens dans la partie de l'Est où la religion a eu peut-être plus d'influence sur les habitans. Dans les autres départemens, l'union naturelle est un reste des mœurs coloniales que les préjugés de la couleur, *l'aristocratie de la peau*, faisaient prévaloir sur la loi divine ; en portant les blancs à se croire *mésalliés*, s'ils épousaient une négresse ou une mulâtresse ; et le Code Noir portait lui-même cette défense.

(19) En 1503 , comme les espagnols avaient déjà emmené beaucoup d'esclaves africains dans l'île et qu'ils fuyaient la servitude pour aller habiter dans les montagnes avec les indiens , Nicolas Ovando , alors gouverneur, écrivit au ministre pour demander qu'il n'y en fût plus envoyé , *parce que , disait-il , ils s'échappent pour aller vivre au milieu des naturels qu'ils instruisent dans le mal , et qu'il est impossible de les ramener.* En 1785 , il y avait 133 individus des deux sexes et de tout âge graciés par les gouverneurs français et espagnol , dans les montagnes de Bahoruco : leur chef se nommait *Santiago ;* il était de la partie espagnole. Il y avait parmi eux des hommes de 60 ans , nés sur les lieux. Ils étaient convenus de se retirer de ces montagnes pour habiter une commune de la partie française ; mais bientôt après le traité fait avec eux , ils changèrent de disposition à cet égard sans avoir néanmoins jamais inquiété les habitans , comme ils le faisaient auparavant. Durant le cours de la révolution , le nombre de ces indépendans grossit considérablement ; et pendant l'occupation de cette île par l'armée française , le général Kerverseau envoya au Bahoruco des forces qui les en délogèrent : ils passèrent presque tous dans les montagnes du Saltrou. A. Pétion réussit, par sa douceur , à les soumettre à la République , sous les ordres du colonel *Lafortune,* leur chef, qu'il éleva à ce grade et auquel il confia le commandement du quartier du Saltrou. Cet officier est mort en 1826 , et aujourd'hui il n'existe plus d'indépendans dans le Bahoruco.

(183)

TABLE DES MATIERES.

ERRATA.

Page 4 , ligne 21 , *une fortification ;* — lisez *un fort.*

Page 8 , ligne 11 , *se confiant à ; –* lisez *se confiant en.*

Page 14 , ligne 18 , *de la roue ; –* ajoutez *et de la potence.*

Page 20 , ligne 27 , *défection ; –* ajoutez *des troupes.*

Page 31 , ligne 16 , *suzeraineté ; –* lisez *souveraineté.*

Page 36 , ligne 15 , *d'Artois ; –* lisez *de Normandie.*

Page 37 , ligne 26 , *1792 ; –* ajoutez *Janvier 21.*

Page 41 , ligne 1ère , *Février 4 ; –* lisez *Février 5.*

ibid   ligne 13 , retranchez *ils y trouvent Rigaud.*

Page 46 , ligne 18 , *Octobre 14 ; –* lisez *Octobre 8.*

Page 52 , ligne 9 , *(1) ; –* lisez *(15).*

Page 109 , ligne 31 , *du général Francisque ; –* lisez *des généraux Vaval et Francisque.*

Page 123 , ligne 29 , *génies titulaires ; –* lisez *génies tutélaires.*

Page 132 , ligne 19 , *d'Indépendance ; –* ajoutez *enterré au fort Marfranc.*

ibid   ligne 20 , *constituante ; –* ajoutez *enterré sur la place d'armes, ainsi que H. Féry, qui fut commandant de place.*

Page 134 , ligne 5 , *mort en 1827 ; –* ajoutez *et de Marc Borno, qui fut un des premiers à prendre les armes contre les colons.*

Page 148 , ligne 11 , *on ne cultive plus de sucre ; –* lisez *on ne cultive plus la canne à sucre.*

www.ingramcontent.com/pod-product-compliance
Ingram Content Group UK Ltd.
Pitfield, Milton Keynes, MK11 3LW, UK
UKHW022335090726
13658UKWH00001B/277